ELEGANTNE SIFONI KOKARAAMAT

Õppige 100 dekadentliku retsepti abil valguse ja õhuliste naudingute kunsti

Anu Kask

Autoriõigus materjal ©2024

Kõik õigused kaitstud

Ühtegi selle raamatu osa ei tohi mingil kujul ega vahenditega kasutada ega edastada ilma kirjastaja ja autoriõiguste omaniku nõuetekohase kirjaliku nõusolekuta, välja arvatud ülevaates kasutatud lühikesed tsitaadid . Seda raamatut ei tohiks pidada meditsiiniliste, juriidiliste või muude professionaalsete nõuannete asendajaks.

SISUKORD

SISUKORD 3
SISSEJUHATUS 6
SIFOONITOOGIKOOKID 7
   1. Draakoniviljadest šifoonist koogikesi 8
   2. Hokkaido šifoonitassikoogid 10
   3. Marmorist šifoonist kook 13
   4. Sifonki sidrunikoogid 16
   5. Šokolaadist šifooni koogid 19
   6. Maasika koogikesi šifoonist koogikesi 21
   7. Apelsiniõie šifooni koogikesi 24
   8. Matcha rohelise tee šifooni koogikesi 26
   9. Kookose šifooni koogikesi 28
   10. Vaniljekaunast šifooni koogid 30
   11. Lavendli mee šifooni koogikesi 32
   12. Pistaatsia roosivee šifooni koogid 34
   13. Earl Grey tee šifooni koogikesi 36
SIFOONIPIRUKAD 38
   14. Vaarika šifoonipirukas 39
   15. Õuna-kaneeli šifoonipirukas 41
   16. Musta kirsi šifoonipirukas 43
   17. Butterscotch Chiffon Pie 45
   18. Sifonki moosiga pirukas 47
   19. Kõrvitsa šifoonipirukas 49
   20. Munaknogi šifoonipirukas 51
   21. Puuviljakokteil šifoonipirukas 54
   22. Guajaav šifoonipirukas 56
   23. Key Lime Chiffon Pie 59
   24. Makadaamia šifoonipirukas 62
   25. Apelsiniõie šifoonipirukas 65
   26. Peachy šifoonipirukas 67
   27. Maapähklivõi šifoonipirukas 69
SIFONI JUUSTUKOOKID 71
   28. Küpsetamatu ananassi šifooni juustukook 72
   29. Küpsetamatu aprikoosi šifooni juustukook 74
   30. Sidruni šifooni kirsi juustukook 76
   31. Mustika šifooni juustukook 78
   32. Ananassi šifooni juustukook 80
   33. Apelsini šifooni juustukook 83
   34. Passionfruit šifooni juustukook 86
   35. Mango šifooni juustukook 89
   36. Vaarika šifooni juustukook 91

37. Blackberry šifooni juustukook 93
38. Matcha šifooni juustukook 95
39. Ingveri pirni šifooni juustukook 98
40. Karamelliseeritud banaani šifooni juustukook 101

SIFONIKOOGID 104
41. Yuzu šifoonikook 105
42. Šokolaadi šifooni kook 108
43. Dalgona šifoonikook 111
44. Banaani šifooni kook 114
45. Šifoonist meekook 117
46. Tahini šifoonikook mee ja rabarberiga 119
47. Šokolaaditükkidega šifoonikook 123
48. Sifonki sidruni-mooni kook 126
49. Earl Grey šifoonikook 128
50. Lavendli šifooni kook 130
51. Kookose šifooni kook 134
52. Pistaatsia šifooni kook 136

KÜLMUTATUD SIFOONID 138
53. Kirsi šifooni kohev 139
54. Šifoonist jääkasti kook 141
55. Laimi šifooni jäätis 143
56. Laim šifoon Semifreddo 145
57. Sidrunišifooni sorbett 147
58. Vaarika šifooni külmutatud jogurt 149
59. Mango šifoonist popsiklid 151
60. Maasika šifoonist jääkarbipirukas 153
61. Mustika šifooni külmutatud vanillikaste 155
62. Kookose šifoonist jäätisevõileivad 157
63. Virsiku šifoonist popsikesed 159

TARTS 161
64. Laimi šifooni tart 162
65. Banaani šifooni tort 165
66. Kõrvitsa Sifonki tort 167
67. Passion Fruit Chiffon Tart 170
68. Šifoonist maguskartulitordid 173
69. Aprikoosi šifooni tart 176
70. Vaarika šifooni tort 179
71. Kookose šifooni tort 181
72. Segamarjane šifooni tort 183

KIHILISED MAGUSTOOTED 185
73. Šokolaadist šifoonipotid 186
74. Sidruni šifooni puding 188
75. Mango ja laimi šifooni pisiasi 190

76. Maasika šifooni juustukoogi parfeed 192
77. Šifoon Tiramisu 195
78. Vaarika ja valge šokolaadi šifoonivaht 198
79. Mustika ja sidruni šifooni parfee 201
80. Kookose ja ananassi šifooni pisiasi 204
81. Schwarzwaldi šifoonikoogi pisiasi 207
82. Kookose ja mango šifooni parfee 210
83. Peach Melba šifoonikoogi pisiasi 212
84. Pistaatsia ja kirsi šifooni parfee 215

SIFOONVARAD JA RUUDUD 217

85. Sifonki sidrunibatoonid 218
86. Šokolaadist šifooni pruunid 220
87. Kookose šifooni ruudud 223
88. Oranžid šifooniplaadid 225
89. Maasika šifooni ruudud 227
90. Võtmelubjast šifoonipulgad 229
91. Ananassi šifooni ruudud 231
92. Segamarjadega šifoonibatoonid 233

SIFONILEIB 235

93. Sifonki banaanileib 236
94. Sifonki sidrunileib 238
95. Sifonki kõrvitsaleib 240
96. Šifoonist šokolaadist keerisleib 243

SIFONI KÜPSISED 245

97. Sifonki sidruniküpsised 246
98. Šifooni šokolaadiküpsised 248
99. Sifonki mandli küpsised 250
100. Šifooni kookosküpsised 252

KOKKUVÕTE 254

SISSEJUHATUS

Tere tulemast raamatusse "Elegantne šifooni kokaraamat", kus kutsume teid alustama teekonda, et omandada 100 suurepärase šifooni retsepti abil kergete, õhuliste ja dekadentlike naudingute loomise kunsti. Õrna tekstuuri ja eeterliku kvaliteediga šifoon on kulinaarne ime, mis paelub meeli ja rõõmustab suulagi. Selles kokaraamatus tähistame šifooni elegantsi ja mitmekülgsust, demonstreerides selle võimet muuta lihtsad koostisosad erakordseks loominguks, mis avaldab kindlasti muljet ka kõige nõudlikumale maitsele.

Sellest kokaraamatust leiate retseptide varakambri, mis tõstavad esile šifooni õrna ja luksusliku olemuse. Alates klassikalistest kookidest ja kohevatest vahudest kuni elegantsete pirukate ja siidiste pudingideni – kõik retseptid on loodud esitlema sifoni ainulaadset tekstuuri ja maitseprofiili, luues maitse ja tekstuuri sümfoonia, mis jätab sulle rohkem isu.

"Elegantse šifooni kokaraamatu" eristab see täpsuse ja tehnika rõhutamine. Sifonki küpsetamine nõuab õrna koostisainete tasakaalu ja hoolikat kätt ning see kokaraamat pakub teile iga kord täiuslike tulemuste saavutamiseks vajalikke tööriistu ja juhiseid. Üksikasjalike juhiste, kasulike näpunäidete ja vapustava fotograafia abil saate luua silmapaistvaid šifooniloomingut, mis on sama kaunid kui ka maitsvad.

Kogu sellest kokaraamatust leiate praktilisi nõuandeid koostisosade valiku, küpsetusseadmete ja esitlustehnikate kohta, mis aitavad teil oma šifooniloomingut järgmisele tasemele tõsta. Ükskõik, kas küpsetate mõne erilise sündmuse jaoks, naudite magusat maiust või soovite lihtsalt oma kulinaarset repertuaari laiendada, "Elegantne šifooni kokaraamat" pakub igaühele midagi, mida nautida.

SIFOONITOOGIKOOKID

1. Draakoniviljadest šifoonist koogikesi

KOOSTISOSAD:
- 3 munakollast
- 25 g tuhksuhkrut
- 70g Draakoni puuviljapüree
- 40 g maisiõli
- ¼ teelusikatäit vaniljeekstrakti
- 55g Isekerkiv jahu
- 2 spl maisijahu
- 3 Munavalge
- ⅛ teelusikatäis hambakivikreemi
- 60 g tuhksuhkrut

JUHISED:
a) Vahusta munakollased ja suhkur heledaks ja kohevaks vahuks. Vahusta draakoni puuviljapüree, maisiõli ja vaniljeekstrakt. Sega kerge segamini isekerkiv jahu ja maisijahu.
b) Vahusta eraldi puhtas kausis munavalged, viinakoor ja tuhksuhkur kohevaks ja kõvaks vahuks. Sega munakollasesegu ettevaatlikult vahustatud munavalge hulka, kuni see on hästi segunenud.
c) Tõsta tainas lusikaga koogivoodritesse. Õhumullide vabastamiseks koputage koogivooderdusi kergelt.
d) Küpseta eelkuumutatud ahjus 170C juures 10 minutit, seejärel alanda temperatuur 160C-ni ja küpseta veel 20-25 minutit või kuni koogi sisse torgatud varras tuleb puhtana välja.
e) Võta ahjust välja ja keera kook kohe ümber.
f) Jätke segamata, kuni see on täielikult jahtunud.

2.Hokkaido šifoonitassikoogid

KOOSTISOSAD:
KOKKIDE JAOKS:
- 3 suurt munavalget, eraldatud munakollastest, toatemperatuuril
- 45 g granuleeritud suhkrut (jagatud 20 grammiks ja 25 grammiks)
- 35 ml rapsiõli
- 60 ml piima
- 70 g koogijahu, sõelutud

vahukoore jaoks:
- 240 ml koort, jahutatud
- 25 g granuleeritud suhkrut
- ¼ tl vaniljeekstrakti

KOOSTAMISE KOHTA:
- Tolmutamiseks kondiitri suhkur

JUHISED:
KOKKIDE JAOKS:
a) Kuumuta ahi 325 F-ni. Haara kauss ja vispelda, mida kavatsed kasutada koore vahustamiseks ja jahuta see külmikus.
b) Kasutades käeshoitavat elektrilist mikserit või vispliga varustatud mikserit, vahustage 3 munakollast ja 20 grammi suhkrut märgatavalt heledamaks (umbes 8 minutit keskmise kiirusega).
c) Lisage 35 ml rapsiõli ja 60 ml piima ning jätkake vahustamist, kuni see on täielikult segunenud.
d) Lülitage madalale kiirusele ja lisage 70 grammi koogijahu. Vahusta, kuni segu on lihtsalt segunenud. Kõrvale panema.
e) Vahusta eraldi kausis erineva vispliga 3 munavalget vahuks. Lisage järk-järgult 25 grammi suhkrut, kuni saavutate jäigad tipud.
f) Voldi munavalged munakollaste hulka, kuni need on lihtsalt segunenud. Olge ettevaatlik, et mitte üle pingutada, et mitte tühjendada munavalget.
g) Tõsta tainas koogitopsidesse, kuni need on ¾ täis, ja aseta küpsetusplaadile. Küpseta 20 minutit või kuni pealsed hakkavad pragunema ja muutuvad matiks. Mõne koogi sisse torgatud hambaork peaks välja tulema puhtana või minimaalse kuiva puruga. Tõsta restile täielikult jahtuma.

vahukoore jaoks:

h) Võtke oma jahutatud kauss ja vahustage külmkapist ning vahustage kõiki koostisosi, kuni saavutate kõvad tipud.

KOOSTAMISE KOHTA:

i) Enne vahukoorega täitmist veenduge, et koogikesed on täielikult jahtunud.
j) Viige kreem teie eelistatud otsikuga varustatud kotti. Torka ots koogikese keskele ja vajuta õrnalt, et koogid oleksid täidetud (tunned, kuidas koogid paisuvad).
k) Lõpetage see minut, kui hakkate nägema peal täitepilti. Puista üle kondiitri suhkruga.

3.Marmorist šifoonist kook

KOOSTISOSAD:
- 3 munakollast
- 25 g (2 supilusikatäit) granuleeritud suhkrut munakollaste jaoks
- 30 ml (2 supilusikatäit) taimeõli
- 45 ml (3 supilusikatäit) piima
- 56 g (½ tassi) koogijahu/madala valgusisaldusega jahu, sõelutud
- 6 g (1 supilusikatäis) magustamata kakaopulbrit, sõelutud
- 3 munavalget
- 25 g (2 supilusikatäit) granuleeritud suhkrut munavalgete jaoks
- ⅛ teelusikatäis hambakivi VÕI ½ tl sidrunimahla (valikuline)

JUHISED:
a) Vahusta keskmises kausis munakollased ja suhkur kreemjaks ja heledamaks.
b) Lisa piim, õli ja jahu. Sega korralikult läbi.
c) Eraldage pool taignast teise keskmisesse kaussi. Lisage ühele neist kakaopulber ja segage, kuni see on segunenud.
d) Vahusta munavalge puhtas keskmises kausis vahuks. Kui kasutate, lisage hambakivi või sidrunimahla koort (valikuline). Kumbki neist happelistest koostisosadest aitab vahustatud munavalget stabiliseerida.
e) Kui mikser on sisse lülitatud, lisa segamise ajal järk-järgult suhkur. Vahusta kuni jäigaks.
f) Lisa ¼ lahtiklopitud munavalget/beseed šokolaadita taignasse. Sega hoolikalt vispli või silikoonlabidaga.
g) Lisage veel ¼ besee ja nüüd tahame aeglaselt segada , ilma tainast tühjendamata. Ülesegamise või intensiivse segamise tulemuseks võib olla mittekohev tihe kook. Seega voldi taigen ettevaatlikult kokku, kuni enamust munavalgest enam näha pole.
h) Lisa ¼ beseest šokolaaditaignale. Sega korralikult läbi. Seejärel lisa ülejäänud besee ja sega uuesti ettevaatlikult, kuni segu on segunenud.
i) Vooderda koogialus pabertopsidega. Seejärel lisage igasse tassi vaheldumisi šokolaadi- ja mittešokolaaditainas, kuni see on peaaegu täis, jättes umbes 1 cm kaugusele.

j) Kaunista ülaosa mis tahes marmormustriga, mis sulle meeldib. Lisage peale kolm erinevat värvi täppi. Seejärel lohistage hambaorkuga läbi iga punkti ühe pideva ümmarguse tõmbega.

k) Küpseta eelkuumutatud ahjus 340°F või 170°C juures 20 minutit või kuni keskele torgatud hambaork tuleb puhtana välja.

4.Sifonki sidrunikoogid

KOOSTISOSAD:
KOKKUKOGID:
- 1 sidrun, jagatud
- ¾ tassi (175 ml) koogijahu (ärge kasutage universaalset jahu)
- ½ tassi (125 ml) suhkrut, jagatud
- ¾ teelusikatäit (4 ml) küpsetuspulbrit
- ¼ teelusikatäit (1 ml) soola
- 2 suurt munakollast
- ¼ tassi (50 ml) vett
- 2 ½ supilusikatäit (37 ml) rapsiõli
- 1 supilusikatäis (15 ml) sidruniekstrakti
- 4 suurt munavalget, toasoe
- ½ tassi (125 ml) valmistatud sidruni kohupiima

BESEGE KRASTUS:
- 3 suurt munavalget
- ¼ teelusikatäit (1 ml) hambakivi
- ½ tassi (125 ml) suhkrut
- 1 tl (5 ml) sidruniekstrakti

JUHISED:
a) Kuumuta ahi temperatuurini 325 °F (160 °C). Asetage pabervooderdised muffinipanni süvenditesse.
b) Kasutades Microplane® reguleeritavat peent riivi, puhastage sidrunist koor, et mõõta 1 ½ supilusikatäit (22 ml); tõsta ½ supilusikatäit (7 ml) koort kaunistamiseks kõrvale.
c) Roostevabast terasest (2 qt / 2 l) segamisnõus segage jahu, ¼ tassi (50 ml) suhkrut, küpsetuspulbrit, soola ja ülejäänud 1 supilusikatäis (15 ml) koort; vahusta hästi, kasutades roostevaba viski.
d) Roostevabast terasest (6 qt / 6 l) segamiskausis segage munakollased, vesi, õli ja ekstrakt; klopi keskmisel kiirusel elektrilise saumikseriga, kuni see on hästi segunenud. Lisa kuivained; klopi keskmisel kiirusel ühtlaseks.
e) Vahusta roostevabast terasest (4 qt ./ 4-L) segamisnõus ja kasutades puhast visplit munavalgeid suurel kiirusel, kuni moodustuvad pehmed tipud, umbes 1 minut. Pidevalt kloppides

lisage väga aeglase ja ühtlase joana järk-järgult ülejäänud ¼ tassi (50 ml) suhkrut. Jätka vahustamist 3-4 minutit või kuni suhkur on lahustunud ja tekivad jäigad tipud. Segage üks neljandik beseest Small Mix 'N Scraper®-i abil taignasse; sega õrnalt sisse ülejäänud besee.

f) Kasutades suurt kulbi, jagage tainas ühtlaselt vooderdiste vahel; küpseta 12-15 minutit või kuni keskele torgatud puidust kirka tuleb puhtana välja. Eemaldage pann ahjust virnastatavale jahutusrestile. Eemaldage koogikesed pannilt; täielikult jahutada.

g) Koogikeste kokkupanemiseks lusikaga lusikaga sidruni kohupiim suletud täheotsaga dekoraatorisse.

h) Vajutage kaunistus õrnalt iga koogikese ja toru keskele väikeses koguses kohupiima (umbes 2 teelusikatäit/10 ml). Külma koogikesed; puista peale reserveeritud sidrunikoort.

BESEGE KRASTUS:

i) Vahusta puhtas segamisnõus munavalged vahuks.

j) Lisa koor (või sidrunimahl, kui kasutad) ja jätka vahustamist.

k) Lisa vahustades vähehaaval suhkur, kuni moodustuvad jäigad tipud.

l) Sega juurde sidruniekstrakt.

5.Šokolaadist šifooni koogid

KOOSTISOSAD:
- 1 1/2 tassi koogijahu
- 1/2 tassi magustamata kakaod pluss 1 spl magustamata kakaod
- 1 tl küpsetuspulbrit
- 1/4 tl söögisoodat
- 1/2 tl soola
- 4 suurt muna, eraldatud
- 3/4 tassi taimeõli
- 3/4 tassi suhkrut, pluss 2 spl suhkrut

JUHISED:
a) Sõelu koogijahu, kakao, küpsetuspulber, sooda ja sool suurde kaussi ning tõsta kõrvale.
b) Vahusta munakollased, õli ja ⅓ tassi vett, kuni need on segunenud. Vahusta ¾ tassi suhkrut. Lisa jahusegule ja sega, kuni see on hästi segunenud.
c) Vahusta munavalged vahuks. Lisage järk-järgult ülejäänud 2 supilusikatäit suhkrut, vahustades, kuni moodustuvad pehmed tipud. Lisa taignale munavalgesegu ja sega ühtlaseks massiks.
d) Täida paberiga vooderdatud või võiga määritud muffinitopsid (⅓-tassi mahutavus) umbes kolm neljandikku taignaga (umbes ¼ tassi igas).
e) Küpsetage 325 °F ahjus, kuni ülaosa keskelt kergelt puudutades vetruvad tagasi, 20–25 minutit. Jahuta restidel 5 minutit; eemalda pannidelt. Jahuta täielikult.
f) Pane oma lemmikjäätisega.

6.Maasika koogikesi šifoonist koogikesi

KOOSTISOSAD:
KOKKUKOGID:
- ⅞ tassi koogijahu
- 6 supilusikatäit granuleeritud suhkrut
- 1 tl küpsetuspulbrit
- ⅛ teelusikatäis soola
- 4 suurt munakollast
- ¼ tassi taimeõli
- ⅓ tassi vett
- ½ tl vaniljeekstrakti
- 3 suurt munavalget, toasoe
- 3/16 tl koort hambakivi
- ¼ tassi granuleeritud suhkrut

TÄITMINE:
- 2½ tassi hakitud maasikaid
- 2½ supilusikatäit granuleeritud suhkrut
- 1¼ supilusikatäit maisitärklist
- 1¼ supilusikatäit vett

TOPPING:
- 2 tassi koort, külm
- 1 tl vaniljeekstrakti
- 2 spl tuhksuhkrut

JUHISED:
KOKKUKOGID:
a) Kuumuta ahi temperatuurini 350 ° F. Vooderda koogivormid pabervooderdusega või pihusta küpsetuspritsiga. Kõrvale panema.
b) Sõelu jahu, 6 spl suhkrut, küpsetuspulber ja sool suurde kaussi. Kõrvale panema.
c) Vahusta väikeses kausis munakollased, õli, vesi ja vanill. Kõrvale panema.
d) Vahusta vispliga varustatud elektrimikseriga munavalged ja hambakivi vahuks. Vahustamist jätkates lisage ¼ tassi suhkrut. Vahusta tugevaks vahuks. Kõrvale panema.
e) Vala märjad koostisosad kuivadele koostisosadele ja vahusta ühtlaseks massiks.

f) Voldi sisse besee.
g) Kasutage taigna ettevalmistatud vormidesse jagamiseks 3 supilusikatäit küpsisekulbikat.
h) Küpseta 18-20 minutit kuni helekuldpruunini. Tõsta kõrvale jahtuma.

TÄITMINE:
i) Sega kõik koostisosad keskmises kastrulis.
j) Kuumuta ja sega keskmisel-madalal kuumusel, kuni suhkur on lahustunud ja segu on paks, umbes 2-3 minutit.
k) Tõsta kõrvale jahtuma.

CHANTILLY KREEM:
l) Kombineerige kõik koostisosad keskmises kausis.
m) Vahusta elektrimikseriga, mis on varustatud vispliga, kuni keskmise jäikusega piigid.

KOOSTAMINE:
n) Core koogikesed.
o) Täida iga koogike 1 supilusikatäie täidisega.
p) Asenda koogikeste pealsed.
q) Toru või määri peale Chantilly kreem.

7.Apelsiniõie šifooni koogikesi

KOOSTISOSAD:
- 4 suurt muna, eraldatud
- 1/2 tassi granuleeritud suhkrut
- 1/4 tassi taimeõli
- 1/4 tassi värskelt pressitud apelsinimahla
- 1 spl apelsini koort
- 1 tl apelsiniõievett
- 1 tass koogijahu
- 1 tl küpsetuspulbrit
- 1/4 teelusikatäit soola

JUHISED:
a) Kuumuta ahi temperatuurini 325 ° F (160 ° C). Vooderda muffinivorm koogivooderdistega.
b) Vahusta suures segamiskausis munakollased poole suhkruga kahvatuks ja paksuks. Lisage järk-järgult taimeõli, apelsinimahl, apelsinikoor ja apelsiniõievesi, segades, kuni see on hästi segunenud.
c) Sõelu eraldi kausis kokku koogijahu, küpsetuspulber ja sool.
d) Lisa kuivained järk-järgult märgadele koostisainetele, sega ühtlaseks ja hästi segunevaks.
e) Vahusta teises puhtas segamiskausis munavalged vahuks. Lisa vähehaaval ülejäänud suhkur ja jätka vahustamist, kuni moodustuvad tugevad piigid.
f) Klopi lahtiklopitud munavalged ettevaatlikult taignasse, kuni triipe ei jää.
g) Jagage tainas ühtlaselt koogivooderdiste vahel, täites igaüks umbes kahe kolmandiku ulatuses.
h) Küpseta 15–18 minutit või kuni koogi keskele torgatud hambaork tuleb puhtana välja.
i) Eemaldage ahjust ja laske koogikestel mõni minut pannil jahtuda, enne kui asetate need restile täielikult jahtuma.
j) Pärast jahtumist võite koogikesi soovi korral puistata tuhksuhkruga või kaunistada vahukoore ja värskete apelsinitükkidega.

8.Matcha rohelise tee šifooni koogikesi

KOOSTISOSAD:
- 4 suurt muna, eraldatud
- 1/2 tassi granuleeritud suhkrut
- 1/4 tassi taimeõli
- 1/4 tassi piima
- 1 tl vaniljeekstrakti
- 2 spl matcha rohelise tee pulbrit
- 1 tass koogijahu
- 1 tl küpsetuspulbrit
- 1/4 teelusikatäit soola

JUHISED:
a) Kuumuta ahi temperatuurini 325 ° F (160 ° C). Vooderda muffinivorm koogivooderdistega.
b) Vahusta suures segamiskausis munakollased poole suhkruga kahvatuks ja paksuks. Lisage järk-järgult taimeõli, piim ja vaniljeekstrakt, segades, kuni see on hästi segunenud.
c) Sõelu matcha rohelise tee pulber märgade koostisosade hulka ja sega, kuni see on ühtlaselt segunenud.
d) Sõelu eraldi kausis kokku koogijahu, küpsetuspulber ja sool.
e) Lisa kuivained järk-järgult märgadele koostisainetele, sega ühtlaseks ja hästi segunevaks.
f) Vahusta teises puhtas segamiskausis munavalged vahuks. Lisa vähehaaval ülejäänud suhkur ja jätka vahustamist, kuni moodustuvad tugevad piigid.
g) Klopi lahtiklopitud munavalged ettevaatlikult taignasse, kuni triipe ei jää.
h) Jagage tainas ühtlaselt koogivooderdiste vahel, täites igaüks umbes kahe kolmandiku ulatuses.
i) Küpseta 15–18 minutit või kuni koogi keskele torgatud hambaork tuleb puhtana välja.
j) Eemaldage ahjust ja laske koogikestel mõni minut pannil jahtuda, enne kui asetate need restile täielikult jahtuma.
k) Kui koogikesi on jahtunud, võid soovi korral puistada koogikesi tikupulbriga või kaunistada neile tiku maitsega vahukoort.

9.Kookose šifooni koogikesi

KOOSTISOSAD:
- 4 suurt muna, eraldatud
- 1/2 tassi granuleeritud suhkrut
- 1/4 tassi taimeõli
- 1/4 tassi kookospiima
- 1 tl vaniljeekstrakti
- 1/2 tassi hakitud kookospähklit
- 1 tass koogijahu
- 1 tl küpsetuspulbrit
- 1/4 teelusikatäit soola

JUHISED:
a) Kuumuta ahi temperatuurini 325 ° F (160 ° C). Vooderda muffinivorm koogivooderdistega.
b) Vahusta suures segamiskausis munakollased poole suhkruga kahvatuks ja paksuks. Lisage järk-järgult taimeõli, kookospiim ja vaniljeekstrakt, segades, kuni see on hästi segunenud.
c) Sega hulka hakitud kookospähkel, kuni see on ühtlaselt jaotunud.
d) Sõelu eraldi kausis kokku koogijahu, küpsetuspulber ja sool.
e) Lisa kuivained järk-järgult märgadele koostisainetele, sega ühtlaseks ja hästi segunevaks.
f) Vahusta teises puhtas segamiskausis munavalged vahuks. Lisa vähehaaval ülejäänud suhkur ja jätka vahustamist, kuni moodustuvad tugevad piigid.
g) Klopi lahtiklopitud munavalged ettevaatlikult taignasse, kuni triipe ei jää.
h) Jagage tainas ühtlaselt koogivooderdiste vahel, täites igaüks umbes kahe kolmandiku ulatuses.
i) Küpseta 15–18 minutit või kuni koogi keskele torgatud hambaork tuleb puhtana välja.
j) Eemaldage ahjust ja laske koogikestel mõni minut pannil jahtuda, enne kui asetate need restile täielikult jahtuma.
k) Kui koogikesi on jahtunud, võite soovi korral kaunistada kookosvahukoore ja röstitud kookoshelvestega.

10.Vaniljekaunast šifooni koogid

KOOSTISOSAD:
- 4 suurt muna, eraldatud
- 1/2 tassi granuleeritud suhkrut
- 1/4 tassi taimeõli
- 1/4 tassi piima
- 1 tl vaniljeekstrakti
- Seemned 1 vaniljekaunast
- 1 tass koogijahu
- 1 tl küpsetuspulbrit
- 1/4 teelusikatäit soola

JUHISED:
a) Kuumuta ahi temperatuurini 325 ° F (160 ° C). Vooderda muffinivorm koogivooderdistega.
b) Vahusta suures segamiskausis munakollased poole suhkruga kahvatuks ja paksuks. Lisage järk-järgult taimeõli, piim, vaniljeekstrakt ja vaniljekauna seemned, segades, kuni see on hästi segunenud.
c) Sõelu eraldi kausis kokku koogijahu, küpsetuspulber ja sool.
d) Lisa kuivained järk-järgult märgadele koostisainetele, sega ühtlaseks ja hästi segunevaks.
e) Vahusta teises puhtas segamiskausis munavalged vahuks. Lisa vähehaaval ülejäänud suhkur ja jätka vahustamist, kuni moodustuvad tugevad piigid.
f) Klopi lahtiklopitud munavalged ettevaatlikult taignasse, kuni triipe ei jää.
g) Jagage tainas ühtlaselt koogivooderdiste vahel, täites igaüks umbes kahe kolmandiku ulatuses.
h) Küpseta 15–18 minutit või kuni koogi keskele torgatud hambaork tuleb puhtana välja.

11.Lavendli mee šifooni koogikesi

KOOSTISOSAD:
- 1 1/2 tassi koogijahu
- 1 tass granuleeritud suhkrut
- 1 1/2 teelusikatäit küpsetuspulbrit
- 1/2 teelusikatäit soola
- 1/2 tassi taimeõli
- 5 suurt munakollast
- 3/4 tassi täispiima
- 1 spl kuivatatud kulinaarseid lavendliõisi
- 1/4 tassi mett
- 5 suurt munavalget
- 1/4 tl koort hambakivi

JUHISED:
a) Kuumuta ahi temperatuurini 325 ° F (160 ° C). Vooderda muffinivormid koogivooderdistega.
b) Kuumuta väikeses potis piim soojaks. Tõsta tulelt ja lisa kuivatatud lavendliõied. Lase tõmmata 10-15 minutit, seejärel kurna piim, et lavendel eemaldada.
c) Vahusta suures segamiskausis koogijahu, suhkur, küpsetuspulber ja sool.
d) Tehke kuivainete keskele süvend ja lisage taimeõli, munakollased, lavendliga immutatud piim ja mesi. Sega ühtlaseks.
e) Vahusta eraldi puhtas segamiskausis munavalged ja hambakoor, kuni moodustuvad tugevad piigid.
f) Klopi lahtiklopitud munavalged õrnalt taignasse, kuni need on ühtlaselt segunenud.
g) Jagage tainas ühtlaselt ettevalmistatud koogivooderdistele, täites igaüks umbes 3/4 ulatuses.
h) Küpseta 18-20 minutit või kuni keskele torgatud hambaork tuleb puhtana välja.
i) Võta ahjust välja ja lase koogikestel enne serveerimist restil täielikult jahtuda.

12.Pistaatsia roosivee šifooni koogid

KOOSTISOSAD:
- 1 1/2 tassi koogijahu
- 1 tass granuleeritud suhkrut
- 1 1/2 teelusikatäit küpsetuspulbrit
- 1/2 teelusikatäit soola
- 1/2 tassi taimeõli
- 5 suurt munakollast
- 3/4 tassi täispiima
- 1/2 tassi kooritud pistaatsiapähklit, peeneks jahvatatud
- 1 tl roosivett
- 5 suurt munavalget
- 1/4 tl koort hambakivi

JUHISED:
a) Kuumuta ahi temperatuurini 325 ° F (160 ° C). Vooderda muffinivormid koogivooderdistega.
b) Puista koorega pistaatsiapähklid köögikombainis peeneks jahvatamiseks.
c) Vahusta suures segamiskausis koogijahu, suhkur, küpsetuspulber, sool ja jahvatatud pistaatsiapähklid.
d) Tehke kuivainete keskele süvend ja lisage taimeõli, munakollased, täispiim ja roosivesi. Sega ühtlaseks.
e) Vahusta eraldi puhtas segamiskausis munavalged ja hambakoor, kuni moodustuvad tugevad piigid.
f) Klopi lahtiklopitud munavalged õrnalt taignasse, kuni need on ühtlaselt segunenud.
g) Jagage tainas ühtlaselt ettevalmistatud koogivooderdistele, täites igaüks umbes 3/4 ulatuses.
h) Küpseta 18-20 minutit või kuni keskele torgatud hambaork tuleb puhtana välja.
i) Võta ahjust välja ja lase koogikestel enne serveerimist restil täielikult jahtuda.

13.Earl Grey tee šifooni koogikesi

KOOSTISOSAD:
- 1 1/2 tassi koogijahu
- 1 tass granuleeritud suhkrut
- 1 1/2 teelusikatäit küpsetuspulbrit
- 1/2 teelusikatäit soola
- 1/2 tassi taimeõli
- 5 suurt munakollast
- 3/4 tassi täispiima
- 2 spl lahtisi Earl Grey teelehti
- 5 suurt munavalget
- 1/4 tl koort hambakivi

JUHISED:
a) Kuumuta ahi temperatuurini 325 ° F (160 ° C). Vooderda muffinivormid koogivooderdistega.
b) Kuumuta väikeses potis piim soojaks. Tõsta tulelt ja lisa lahtised Earl Grey teelehed . Lase tõmmata 10–15 minutit, seejärel kurna piim teelehtede eemaldamiseks.
c) Vahusta suures segamiskausis koogijahu, suhkur, küpsetuspulber ja sool.
d) Tehke kuivainete keskele süvend ja lisage taimeõli, munakollased ja Earl Grey lisandiga piim. Sega ühtlaseks.
e) Vahusta eraldi puhtas segamiskausis munavalged ja hambakoor, kuni moodustuvad tugevad piigid.
f) Klopi lahtiklopitud munavalged õrnalt taignasse, kuni need on ühtlaselt segunenud.
g) Jagage tainas ühtlaselt ettevalmistatud koogivooderdistele, täites igaüks umbes 3/4 ulatuses.
h) Küpseta 18-20 minutit või kuni keskele torgatud hambaork tuleb puhtana välja.
i) Võta ahjust välja ja lase koogikestel enne serveerimist restil täielikult jahtuda.

SIFOONIPIRUKAD

14.Vaarika šifoonipirukas

KOOSTISOSAD:
- 1 pirukakoor
- 2 tassi Rasket koort
- 6 untsi toorjuustu, pehmendatud
- 2 tl vaniljeekstrakti
- 10 untsi Vaarika puuviljamääre
- Vaarikad (valikuline, kaunistuseks)
- Mündilehed (valikuline, kaunistuseks)

JUHISED:

a) Kuumuta ahi temperatuurini 375 ° F. Rulli tainas 11-tolliseks ringiks ja vooderda 9-tolline pirukaplaat. Kärpige ja lõigake servad; torgake kahvliga põhi ja küljed. Küpseta 15 minutit või kuni kuldpruunini. Jahuta restil täielikult maha.

b) Vahusta koor väikeses kausis kõrgel, kuni moodustuvad jäigad tipud; kõrvale panema.

c) Sega keskmises kausis toorjuust ja vanill; klopi kuni heledaks ja kohevaks. Sega hulka vaarikaviljamääre, kraapides sageli kausi külgi.

d) Reserveerige ½ tassi vahukoort kaunistamiseks; sega ülejäänud vahukoor toorjuustusegu hulka, kuni valgeid triipe ei jää.

e) Määri segu ühtlaselt jahtunud pirukapõhjale. Jahuta vähemalt 2 tundi.

f) Vahetult enne serveerimist tõsta lusikaga vahukoort piruka serva ümber.

g) Kaunista soovi korral vaarikate ja värskete piparmündilehtedega.

15. Õuna-kaneeli šifoonipirukas

Valmistab: 1 portsjon

KOOSTISOSAD:
- 3 muna, eraldatud
- ¼ tassi vett
- 1 Env maitsestamata želatiin
- 2 spl punase kaneeli komme
- 1½ tassi õunakastet
- 2 supilusikatäit Suhkur
- 1 9-tolline Pie Shell, küpsetatud

JUHISED:
a) Klopi keskmise suurusega potis munakollased veega lahti. Puista želatiin kastrulisse ja lase 1 min seista. Lisa kommid ja õunakaste.
b) Sega madalal kuumusel, kuni želatiin on lahustunud, umbes 5 minutit. Valage suurde kaussi ja jahutage aeg-ajalt segades, kuni segu lusikalt kukkudes veidi kuhjub.
c) Vahusta suures kausis munavalged, kuni moodustuvad pehmed tipud; lisa järk-järgult suhkur ja klopi tugevaks vahuks. Sega želatiini segusse. Muutke ettevalmistatud koorikuks ja jahutage, kuni see on tahke.

16. Musta kirsi šifoonipirukas

KOOSTISOSAD:
- 2 purki (1 nael) kivideta musti kirsse
- 1 tl Maitsestamata želatiini
- 4 muna, eraldatud
- ¼ teelusikatäit soola
- ½ tassi suhkrut
- 1 tl sidrunimahla
- 9-tolline küpsetatud küpsetis või purukoor
- Kaunistuseks röstitud mandlid

JUHISED:
a) Nõruta ja tükelda mustad kirsid, jäta mahl alles. Pehmendage želatiin ¼ tassi kirsimahlas.
b) Klopi kausis kokku munakollased, suhkur, sool, sidrunimahl ja ½ tassi kirsimahla. Sega segu keeva veega, kuni see pakseneb.
c) Sega hulka pehmendatud želatiin ja hakitud kirsid. Jahutage segu, kuni see muutub paksuks ja siirupiseks.
d) Vahusta eraldi kausis munavalged, kuni moodustuvad tugevad piigid. Sega vahustatud munavalged õrnalt kirsisegu hulka.
e) Vala kombineeritud segu küpsenud saia- või purukoore sisse.
f) Jahuta pirukas tahkeks, umbes 3 tundi.
g) Serveeri pirukat röstitud mandlitega kaunistatult.

17. Butterscotch Chiffon Pie

KOOSTISOSAD:
- 1 spl maitsestamata želatiini
- ¼ tassi külma vett
- 3 muna; eraldatud
- 1 tass pruuni suhkrut
- ¼ teelusikatäit soola
- 1 tass piima
- 1 tl vanilli
- 1½ tassi rasket koort; jagatud
- 9-tolline küpsetatud pirukakoor; VÕI pähklipuru koorik (vt allpool)

PÄHKLIpuru koor:
- 1 tass jahvatatud kreeka pähkleid
- 1 tl Suhkur
- ¼ tassi vanilje vahvlipuru

JUHISED:
a) Pehmendage želatiin vees.
b) Sega tugevas kastrulis hästi lahtiklopitud munakollased pruuni suhkru, soola ja piimaga. Keeda segu pidevalt segades, kuni see veidi pakseneb.
c) Lisa segule pehmendatud želatiin ja sega kuni lahustumiseni. Jahutage segu, kuni see pakseneb.
d) Vahusta munavalged kõvaks, kuid mitte kuivaks vahuks. Sega vanill ja munavalged jahutatud želatiinisegu hulka.
e) Lisage segule 1 tass vahukoort. Keera kombineeritud segu küpsetatud pirukakoore sisse.
f) Jahutage pirukat mitu tundi.
g) Kui olete serveerimiseks valmis, vahustage ülejäänud ½ tassi koort tugevaks vahuks. Kaunista piruka serv vahukoorega.

PÄHKLIpuru koor:
h) Blenderda kausis jahvatatud kreeka pähklid suhkru ja vaniljevahvlipuruga.
i) Suru segu tugevalt 9-tollise pirukavormi põhjale ja külgedele.

18.Sifonki moosiga pirukas

KOOSTISOSAD:

- 1½ kuni 2 tassi moosi valmistamisel tekkinud vahtu
- 12 untsi Cool Whip või samaväärne
- 1 Graham Crackeri koorik
- Moosist saadud puuviljad (kaunistuseks)

JUHISED:

a) Sega omavahel jahtunud moosikeetmisvaht ja Cool Whipi pappkarp.
b) Vala segu Grahami kreekerikoore sisse.
c) Kaunista pirukas mõne puuviljaga, millest moosi valmistati.
d) Jahuta pirukas 2 tundi.
e) Serveeri ja naudi.

19.Kõrvitsa šifoonipirukas

KOOSTISOSAD:
- 1 ümbrik Knox maitsestamata želatiin
- ¾ tassi tumepruuni suhkrut, kindlalt pakitud
- ½ teelusikatäit soola
- ½ tl muskaatpähkel
- 1 tl kaneeli
- ½ tassi piima
- ¼ tassi vett
- 3 munakollast
- 1½ tassi konserveeritud kõrvitsat
- 3 kõvaks vahustatud munavalget
- ¼ tassi suhkrut
- 1 Küpsetatud 9-tolline pirukakoor

JUHISED:
a) Topeltboileri ülaosas segage esimesed 5 koostisosa.
b) Sega juurde piim, vesi, munakollased ja kõrvitsakonserv. Sega hästi.
c) Aseta keeva vee peale. Küpseta pidevalt segades, kuni želatiin lahustub ja segu on läbi kuumutatud, umbes 10 minutit.
d) Eemaldage kuumusest. Jahutage, kuni segu lusikalt kukkudes kuhjub.
e) Vahusta munavalged tugevaks vahuks, seejärel vahusta suhkur. Sega munavalgesegu jahutatud želatiinisegu hulka.
f) Keera kombineeritud segu küpsetatud 9-tollise pirukakoorega.
g) 9-tollise pirukakoore jaoks: rullige 12-tolline kondiitritainas ring 14-tollisele Kaiseri küpsetusfooliumile. Tõsta foolium ja kondiitritooted pirukaplaadile, sobita õrnalt plaadi külge ja keera kondiitriserv. Torgi taina põhi ja küljed läbi. Küpseta 10 minutit temperatuuril 450 °F või kuni see on ühtlaselt pruun (foolium hoiab ära ülepruunimise). Lahe.
h) Kuhjake täidis koore sisse, keerake lõdvalt fooliumisse ja hoidke üleöö külmkapis.
i) Serveeri jahutatult ja soovi korral kaunista vahukoorega.
j) Nautige oma kerget ja mahlakat Pumpkin Chiffon Pie! Ideaalne pidupäevade magustoiduks pärast suurt õhtusööki.

20.Munaknogi šifoonipirukas

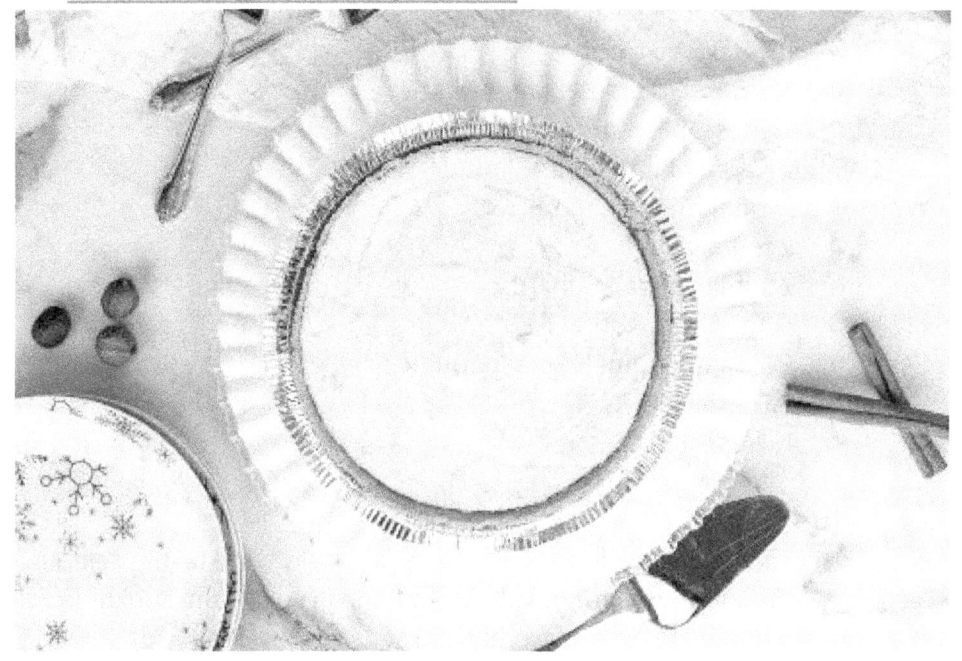

KOOSTISOSAD:
- Küpsetatud saiakest
- ¼ tassi suhkrut
- 1 ümbrik maitsestamata želatiin
- 1½ tassi piimamuna
- 2 Kergelt lahtiklopitud munakollased
- ¼ tassi rummi
- 2 munavalget
- 2 supilusikatäit Suhkur
- ¾ tassi vahukoort
- Filigraankaramell (vt allpool)

KARAMELL FILIGREEN:
- ½ tassi suhkrut

JUHISED:
a) Täidise jaoks sega keskmises kastrulis suhkur ja želatiin. Lisa munapuder ja munakollased. Keeda ja sega, kuni suhkur ja želatiin lahustuvad ning segu veidi pakseneb ja mullitab.
b) Jahuta 10 minutit; sega sisse rumm. Aeg-ajalt segades jahutage kuni maisisiirupi konsistentsini. Eemaldage külmkapist; lase seista, kuni see on osaliselt hangunud (vahustamata munavalge konsistents).
c) Vahusta suures mikserikausis munavalged, kuni moodustuvad pehmed tipud (otsad kõverduvad). Lisa vähehaaval ülejäänud 2 supilusikatäit suhkrut, vahustades kuni moodustuvad jäigad tipud (otsad seisavad sirgelt).
d) Sega munavalged želatiinisegu hulka. Vahusta vahukoort, kuni moodustuvad pehmed piigid. Sega koor munakoogisegu hulka.
e) Jahutage, kuni segu lusikaga segades kuhjub; kuhjake küpsetatud saiakesta sisse. Jahuta mitu tundi või kuni taheneb.
f) Umbes 1 tund enne serveerimist valmista Caramel Filigrae.

KARAMELL FILIGREEN:
g) Kuumuta raskes 1-liitrises kastrulis ½ tassi suhkrut keskmisel või madalal kuumusel ilma segamata.

h) Kui suhkur hakkab sulama, kuumuta ja sega pidevalt, kuni segu on peaaegu keskmise karamelli värvusega (siirup tumeneb pärast tulelt eemaldamist).
i) Segage paar tilka kuuma vett. Laske 1 minut seista.
j) Nirista lusikaga kiiresti piruka peale karamelliseeritud suhkrut, kuni tekib karamellivõrk .

21. Puuviljakokteil šifoonipirukas

KOOSTISOSAD:
- 1 pakk (8 untsi) Philadelphia rasvavaba toorjuustu
- 1 pakk (4 portsjonit) Jell-O suhkruvaba vaniljepudingu segu
- ⅓ tassi Nelgi rasvavaba kuiva piimapulbrit
- 1 tass vett
- 1 tass Cool Whip Lite'i
- 1 purk (16 untsi) puuviljakokteil, pakitud mahlasse, nõrutatud
- 1 6 untsi Keebleri graham-kreekeri pirukakoorik

JUHISED:
a) Sega suures segamiskausis lusikaga toorjuust pehmeks.
b) Lisa kuivpudingisegu, kuivpiimapulber ja vesi. Sega hästi traatvispli abil.
c) Voldi sisse ½ tassi Cool Whip Lite'i.
d) Lisa nõrutatud puuviljakokteil. Kombineerimiseks segage õrnalt.
e) Vala segu Graham-crackeri pirukapõhjale .
f) Tõsta serveerimiseks külmkappi.
g) Serveerimisel lisa igale tükile 1 spl Cool Whip Lite'i.
h) Nautige oma kerget ja veetlevat puuviljakokteili šifoonipirukat!

22.Guajaav šifoonipirukas

KOOSTISOSAD:
HELVETE KOIGNAKEST:
- 1 tass jahu
- ¼ teelusikatäit soola
- ¼ tassi lühendamine
- ¼ tassi võid (külm)
- Külm vesi (vastavalt vajadusele)

TÄITMINE:
- 1 ümbrik maitsestamata želatiin
- 1 supilusikatäis sidrunimahla
- 4 muna; eraldatud
- 1 tass guajaavi mahla
- ¾ tassi suhkrut
- Paar tilka punast toiduvärvi
- ⅛ teelusikatäis hambakivikreemi

TOPPING:
- Magustatud vahukoor
- Guajaavi viilud

JUHISED:
HELVETE KOIGNAKEST:
a) Sega jahu ja sool. Lõika tükkideks ja võiga, kuni tükid on hernesuurused.
b) Lisa vesi ja sega, kuni segu on niisutatud. Suru palliks ja jahuta 45 minutit.
c) Rulli jahusel laual korralikult jahuse või parempidisega kaetud taignarulliga lahti. Tõsta tainas ettevaatlikult 9-tollisele pirukaplaadile. Pierce on kahvliga läbi.
d) Küpseta 400 ° F juures 15 minutit. Lahe.

TÄITMINE:
e) Pehmenda želatiin sidrunimahlas ja tõsta kõrvale.
f) Sega kastrulis munakollased, guajaavimahl ja ½ tassi suhkrut. Lisage paar tilka punast toiduvärvi.
g) Kuumuta ja sega keskmisel kuumusel, kuni segu pakseneb.
h) Lisa želatiinisegu ja sega kuni sulamiseni. Jahutage segu, kuni see saavutab vahustamata munavalge konsistentsi.

i) Vahusta munavalged ja tatarikoor, kuni moodustuvad pehmed tipud. Lisage järk-järgult ¼ tassi suhkrut ja vahustage, kuni moodustuvad tugevad tipud.
j) Voldi želatiinisegu sisse ja vala küpsetatud kondiitrikarpi. Jahutage.

TOPPING:
k) Pealt magustatud vahukoorega.
l) Kaunista guajaaviviiludega.
m) Nautige oma värskendavat guava šifoonipirukat!

23. Key Lime Chiffon Pie

KOOSTISOSAD:
KOOKOSKEEST:
- 2 tassi hakitud kookospähkel, röstitud
- ¼ tassi pruuni suhkrut
- ½ tassi võid, sulatatud

TÄIDISE SIIRUP:
- ⅓ tassi Reserved laimi siirupit
- 1 pakk maitsestamata želatiini
- ⅓ tassi värsket laimimahla
- ½ tassi suhkrut, jagatud
- 2 muna, eraldatud
- 1 tass vett
- ½ tassi suhkrut
- ¼ tassi laimikoor (koor), peeneks lõigatud ribad
- 5 tilka toiduvärvi (rohelist), valikuline

KREEM:
- 1 tass vahukoort
- 1 tl vanilli

JUHISED:
KOOKOSKEEST:
a) Sega kausis hakitud kookospähkel, pruun suhkur ja sulatatud või.
b) Suru segu tugevalt 9-tollisele (20 cm) määritud pirukaplaadile. Jahutage kuni tahkeks.

SIIRUPI VALMISTAMINE:
c) Sega kastrulis vesi ja suhkur. Kuumuta keemiseni.
d) Sega juurde laimikoor ja hauta 30 minutit. Kurna, säilita siirup ja laimikoor.

TÄITMISEKS:
e) Kuumuta potis ⅓ tassi (75 ml) siirupit.
f) Tõsta pann tulelt ja puista üle želatiiniga, lase 1 minut pehmeneda. Seejärel segage juurde laimimahl, ¼ tassi (50 ml) suhkrut, 2 munakollast ja soovi korral toiduvärvi.
g) Asetage tasasele tulele, pidevalt segades, kuni segu on paks ja vahutav, umbes 5 minutit.
h) Eemaldage kuumusest ja jahutage toatemperatuurini.

i) Vahusta munavalged ja 2 supilusikatäit (25 ml) ülejäänud suhkrut, kuni moodustuvad tugevad piigid.
j) Sega laimikooresegu munavalgete hulka.
k) Vahusta vahukoor ülejäänud 2 supilusikatäie (25 ml) suhkruga ja kaunista suhkrustatud laimikoorega.
l) Enne serveerimist jahutage mitu tundi.
m) Nautige oma värskendavat ja vürtsikat Key Lime'i šifoonipirukat!

24.Makadaamia šifoonipirukas

KOOSTISOSAD:
- 1½ tassi peeneks hakitud makadaamiapähkleid
- ¼ tassi külma vett
- 2 tl maitsestamata želatiini
- 4 munakollast
- ½ tassi suhkrut
- ½ tassi keeva vett
- 5 supilusikatäit tumedat rummi
- 1 tl sidrunikoort
- 4 munavalget
- Näputäis soola
- 1 pirukakoor, lühike koorik, 10"
- ½ tassi koort, jahutatud
- 2 spl ülipeent suhkrut

JUHISED:
a) Vala ¼ tassi külma vett kuumakindlasse klaasist mõõtetopsi, puista peale želatiin ja lase 2-3 minutit pehmeneda. Pange tass keeva veega pannile ja segage želatiini madalal kuumusel, kuni see lahustub. Tõsta pann tulelt, kuid jäta tass sisse, et želatiin jääks soojaks.
b) Vahusta munakollased vispli või elektrilise vispliga, kuni need on hästi segunenud.
c) Lisa aeglaselt ¼ tassi tavalist suhkrut ja jätka vahustamist, kuni munakollased on piisavalt paksud, et vahustaja kausist tõstmisel lindiks vajuda .
d) Pidevalt kloppides valage õhukese joana keev vesi, seejärel valage segu 1,5–2-liitrisesse emailitud või roostevabast terasest kastrulisse. Sega madalal kuumusel, kuni see pakseneb lusika katmiseks piisavalt raskeks vanillikreemiks. Ärge laske keedukreemil keema minna, vastasel juhul võib see kalgendada.
e) Tõsta pann tulelt ja sega juurde lahustunud želatiin, seejärel kurna vanillikaste läbi sügava kausi kohale asetatud peene sõela ning lisa 3 supilusikatäit rummi ja sidrunikoort. Lase vanillikreemil jahtuda toatemperatuurini, aeg-ajalt segades, et see ei tahkuks.

f) Vahusta eraldi kausis puhta vispli või vispliga munavalged ja sool vahuks. Puista peale ülejäänud tavaline suhkur ja jätka vahustamist, kuni valged moodustavad tipud.
g) Sega umbes ¼ valgetest vanillikaste hulka, seejärel vala see ülejäänud munavalgetele ja sega spaatliga kokku.
h) Murra sisse 1¼ tassi pähkleid, vala sifonisegu pirukakoore sisse ja silu pealt spaatliga. Tõsta serveerimiseni külmkappi.
i) Vahetult enne serveerimist vahusta rõõsk koor vispli või mikseriga, kuni see pakseneb. Lisa ülipeen suhkur ja ülejäänud 2 spl rummi. Jätka vahustamist, kuni kreem on jäik.
j) Määri spaatliga pirukale kreem ja puista peale ülejäänud pähklid.

25.Apelsiniõie šifoonipirukas

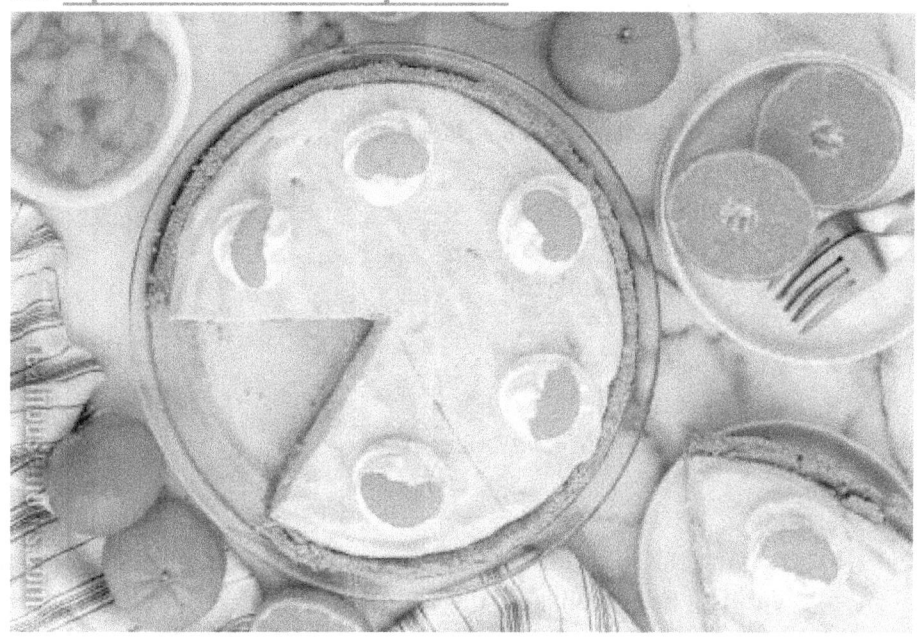

KOOSTISOSAD:
- 6 untsi Külmutatud apelsinimahla kontsentraat, osaliselt sulatatud
- ⅓ tassi külma vett
- 1 ümbrik maitsestamata želatiin
- 2 munakollast
- 1 tass vett
- ¼ teelusikatäit soola
- 1 tass koort, jahutatud
- 2 spl kondiitri suhkrut
- 1 tl vaniljeekstrakti
- 2 munavalget
- ¼ tassi suhkrut
- 1 9-tolline küpsetatud saiakest

JUHISED:
a) Puista želatiin topeltboileri peale külma veega, et see pehmeneks.
b) Vahusta munakollased, ülejäänud vesi ja sool. Blenderda želatiin.
c) Keeda keeva vee kohal pidevalt segades, kuni želatiin on lahustunud ja segu veidi paksenenud, umbes 5 minutit.
d) Eemaldage kohe tulelt, lisage apelsinimahla kontsentraat ja segage, kuni see on segunenud. Jahutage aeg-ajalt segades, kuni segu lusikalt kukkudes kuhjub (või jahuta sageli segades jää ja vee kohal).
e) Vahepeal vahusta koort, kuni moodustuvad pehmed tipud . Viimase paari tõmbega vahusta sisse kondiitri suhkur ja vaniljeekstrakt; panna külmkappi.
f) Vahusta puhta vispliga munavalged vahuks. Lisage järk-järgult granuleeritud suhkur, jätkates vahustamist, kuni moodustuvad ümarad piigid .
g) Sega sisse želatiinisegu ja seejärel vahukoor. Keera sellest küpsetatud saiakest. Kasutades lusika tagumist osa, keerake pealmine osa.
h) Jahuta korralikult. Kaunista pirukas soovi korral oranžide osade ja kondiitri väljalõigetega.

26.Peachy šifoonipirukas

KOOSTISOSAD:
- 1 ümbrik maitsestamata želatiini
- 1¼ tassi Dr Pepperit
- ¼ teelusikatäit soola
- ½ tassi suhkrut
- 3 muna; eraldatud
- 1 supilusikatäis sidrunimahla
- ¼ tassi suhkrut
- 1¼ tassi konserveeritud virsikuid; viilutatud ja kuubikuteks lõigatud
- 1 9-tolline pirukakest

JUHISED:
a) Kombineeri želatiin Dr Pepperiga. Kõrvale panema.
b) Kombineerige sool, ½ tassi suhkrut ja lahtiklopitud munakollased kahekordse katla ülaosas. Sega juurde želatiinisegu.
c) Keeda ja sega kuuma vee kohal, kuni see on veidi paksenenud.
d) Lisa sidrunimahl. Jahutage, kuni see on osaliselt hangunud, aeg-ajalt segades.
e) Vahusta munavalged vahuks. Lisage järk-järgult ¼ tassi suhkrut, vahustades, kuni moodustuvad jäigad tipud .
f) Voldi sisse želatiinisegu; siis murra virsikud sisse.
g) Jahutage, kuni segu lusikalt kukkudes kuhjub.
h) Vala külma pirukakoore sisse.
i) Jahutage kuni tahkeks.
j) Serveeri tavalisena või vahukoore ja täiendavate viilutatud virsikutega.

27.Maapähklivõi šifoonipirukas

KOOSTISOSAD:
- ½ tassi suhkrut
- 2 tl maitsestamata želatiini
- ½ tl muskaatpähkel
- ¼ teelusikatäit soola
- 1 tass vett
- ½ tassi maapähklivõid
- 2 munakollast, kergelt lahtiklopitud
- 1 tl vanilli
- 2 munavalget
- 2 supilusikatäit Suhkur
- ½ tassi vahukoort
- 1 täielikult küpsenud banaan (valikuline)
- 1 9" küpsetatud kondiitrikarp, jahutatud

JUHISED:
a) Segage esimesed 4 koostisosa.
b) Lisage maapähklivõile aeglaselt vett. Blenderda ühtlaseks; sega hulka munakollased.
c) Lisa želatiinisegu. Jahuta ja sega, kuni segu veidi pakseneb. Lisa vanill ja jahuta, kuni see on osaliselt tahenenud.
d) Vahusta munavalged pehmeks vahuks, lisa 2 spl suhkrut, vahustades kõvaks vahuks; sega esimesse segusse.
e) Vahusta koor tugevaks vahuks ja sega pirukasegu hulka.
f) Viiluta soovi korral banaan kondiitrikarpi ja tõsta peale täidis.
g) Kaunista vahukoorepallide ja banaaniviiluga igas globus.

SIFONI JUUSTUKOOKID

28.Küpsetamatu ananassi šifooni juustukook

KOOSTISOSAD:
- 1 ½ tassi grahami kreekeripuru
- ¼ tassi soolata võid, sulatatud
- 8 untsi kerget toorjuustu, pehmendatud
- ½ tassi tuhksuhkrut
- 1 purk (20 untsi) purustatud ananassi, nõrutatud
- 1 tass vahukoort (nt Cool Whip või omatehtud vahukoor)

JUHISED:
a) Sega segamisnõus Grahami kreekeripuru ja sulatatud või. Sega, kuni puru on ühtlaselt kaetud.
b) Kooriku moodustamiseks suruge segu rasvaga määritud või vooderdatud 9-tollise pirukavormi põhja. Aseta täidise valmistamise ajaks külmkappi jahtuma.
c) Vahusta eraldi segamisnõus hele toorjuust ja tuhksuhkur ühtlaseks ja kreemjaks vahuks.
d) Voldi hulka nõrutatud purustatud ananass ja vahustatud kate, kuni see on hästi segunenud.
e) Kalla täidis ettevalmistatud koorikule, aja see ühtlaselt laiali.
f) Tõsta juustukooki külmkappi vähemalt 4 tunniks või kuni taheneb.
g) Viiluta ja naudi seda kerget ja värskendavat küpsetamata ananassi šifoonist juustukooki!

29.Küpsetamatu aprikoosi šifooni juustukook

KOOSTISOSAD:
- 2 tassi grahami kreekeripuru
- ½ tassi soolata võid, sulatatud
- 1 (8 untsi) pakk toorjuustu, pehmendatud
- ½ tassi tuhksuhkrut
- 1 tl vaniljeekstrakti
- 1 tass koort, vahustatud
- 1 tass aprikoosikonservi
- 1 spl želatiini
- ¼ tassi vett

JUHISED:
a) Grahami kreekerikoore ja toorjuustutäidise valmistamiseks järgige eelmise retsepti samme 1–6.
b) Piserdage želatiin väikeses mikrolaineahjus kasutatavas kausis vee peale ja laske 5 minutit seista, et see pehmeneks.
c) Küpseta želatiinisegu mikrolaineahjus umbes 20 sekundit või kuni želatiin on täielikult lahustunud . Lase veidi jahtuda.
d) Vahusta koor eraldi kausis, kuni moodustuvad pehmed tipud.
e) Sega vahukoor õrnalt toorjuustusegu hulka.
f) Kalla jahtunud želatiinisegu vähehaaval pidevalt voltides toorjuustusegu hulka.
g) Määri aprikoosikonservid Grahami kreekerikoore peale.
h) Vala toorjuustusegu hoidistele, ajades ühtlaselt laiali.
i) Kata pann kilega ja pane vähemalt 4 tunniks või üleöö külmkappi tahenema.
j) Kui see on hangunud, eemaldage vedruvormi küljed ja viilutage juustukook serveerimiseks.

30.Sidruni šifooni kirsi juustukook

KOOSTISOSAD:
KOORIK:
- ¼ tassi grahami kreekeripuru

TÄITMINE:
- 3 untsi sidruni želatiini pulbrit
- ⅔ tassi keeva veega
- 1½ tassi madala rasvasisaldusega kodujuustu
- 4 untsi rasvavaba toorjuustu
- 1 pakk vahukoort, hele

TOPPING:
- 1 purk kirsipiruka täidis (20 untsi)

JUHISED:
KOORIK:
a) Puista kergelt pihustatud 9-tollise pirukaplaadi põhjale ja külgedele Grahami kreekeripuru.

TÄITMINE:
b) Lahustage želatiin keevas vees; vala blenderisse.
c) Lisa kodujuust ja toorjuust; kaas.
d) Blenderda umbes kolm minutit, kraapides vajadusel külgi.
e) Vala segu suurde kaussi.
f) Sega juustusegu hulka vahukoor.
g) Jahutage, kuni see on hangunud, umbes 5-6 tundi.

TOPPING:
h) Kata juustukook kirsipirukatäidisega.
i) Nautige oma veetlevat sidrunišifooni kirsi juustukooki!

31.Mustika šifooni juustukook

KOOSTISOSAD:
- 1 1/2 tassi grahami kreekeripuru
- 1/4 tassi granuleeritud suhkrut
- 1/2 tassi soolata võid, sulatatud
- 1 ümbrik maitsestamata želatiin
- 1/4 tassi külma vett
- 1 tass värskeid või külmutatud mustikaid
- 16 untsi toorjuustu, pehmendatud
- 1/2 tassi tuhksuhkrut
- 1 tl vaniljeekstrakti
- 1 tass koort, vahustatud

JUHISED:
a) Sega kausis Grahami kreekeripuru, granuleeritud suhkur ja sulatatud või. Suru segu 9-tollise vedruvormi põhja. Tõsta täidise valmistamise ajaks külmkappi.
b) Piserdage väikeses kastrulis külma veega želatiin ja laske 1 minut seista. Kuumuta tasasel tulel segades, kuni želatiin on täielikult lahustunud. Eemaldage kuumusest ja laske veidi jahtuda.
c) Püreesta blenderis või köögikombainis mustikad ühtlaseks massiks. Kurna püree läbi peene sõela, et eemaldada seemned.
d) Vahusta toorjuust segamisnõus ühtlaseks. Lisa tuhksuhkur ja vaniljeekstrakt ning sega ühtlaseks massiks.
e) Lisa toorjuustusegule vähehaaval mustikapüree, kloppides ühtlaseks.
f) Voldi hulka vahukoor, kuni see on hästi segunenud.
g) Kalla želatiinisegu järk-järgult mustikasegu hulka, pidevalt segades, kuni segu on segunenud.
h) Vala täidis ettevalmistatud koorele ja aja ühtlaselt laiali. Jahuta külmkapis vähemalt 4 tundi või kuni taheneb.
i) Kui see on tahenenud, eemaldage juustukook ettevaatlikult vormist. Serveeri jahutatult ning soovi korral kaunista värskete mustikatega.

32.Ananassi šifooni juustukook

KOOSTISOSAD:
KOORIK:
- 1 tass Grahami puru
- 1 spl margariini
- 1 spl Hele maisisiirup
- ½ supilusikatäit vett

TÄITMINE:
- ¼ tassi külma vett
- ¼ tassi Instant NF kuivpiima
- 20 untsi Purustatud ananassikonserv, nõrutamata
- 1 pakk PLUSS 1 tl Maitsestamata želatiin
- ¾ tassi PLUS 2 spl suhkrut
- 3 supilusikatäit sidrunimahla
- 1½ tl vanilli
- ¾ teelusikatäit peeneks riivitud sidrunikoort
- 6 untsi LF toorjuustu, kuubikuteks, toatemperatuur
- ¾ tassi NF tavalist jogurtit

JUHISED:

a) Sega köögikombainis Grahami puru ja margariin, sega kergelt pulseerides.

b) Segage väikeses tassis maisisiirup ja vesi, kuni need on hästi segunenud. Vala peale puru ja pulbeeri uuesti, kuni see on hästi segunenud ja püsib koos (lisage paar tilka vett, kui see on liiga kuiv). Suru pihustatud 9-tollise vedruvormi põhja ja küpseta 350 F juures 7–10 minutit, kuni see on kõva ja kergelt pruunika varjundiga. Jahuta restil.

c) Sega väikeses kausis järk-järgult vesi kuiva piima hulka ühtlaseks massiks. Jahuta sügavkülmas 40–50 minutit, kuni see on külmunud, kuid mitte täiesti kõvaks (kui segu kõvaks külmub, purusta lusikaga ja tõsta kõrvale, kuni see on veidi pehmenenud).

d) Nõruta ananassist vedelik väikesesse kastrulisse, jättes ananassi alles. Piserdage želatiin mahlaga. Laske seista 5 minutit või kuni see on pehmenenud. Asetage keskmisele kuumusele ja segage pidevalt, kuni segu on kuum ja želatiin lahustub. Tõsta kõrvale, aeg-ajalt segades, et vältida settimist.

e) Kombineeri köögikombainis suhkur, sidrunimahl, vanill ja koor ning töötle ühtlaseks seguks . Kui masin töötab, tilguta sisse toorjuust ja blenderda ühtlaseks massiks. Sega juurde ananass ja tõsta kõrvale.
f) Valage külmutatud piim suurde segamisnõusse. Vahusta mikseriga kõrgel temperatuuril 5-7 minutit pehmeks vahuks. (Ole kannatlik)
g) Sega jogurt želatiinisegu hulka ühtlaseks massiks. Lisa kohe vahustatud piimale ja jätka vahustamist veel 2 minutit. Vahusta toorjuustusegu, kuni see on segunenud ja ühtlane.
h) Vala koore sisse ja silu pind ühtlaseks. Tõsta vähemalt 1 tunniks külmkappi.
i) Nirista üle ananassiglasuuriga.

33. Apelsini šifooni juustukook

KOOSTISOSAD:
KOORIK:
- 2 tassi Grahami kreekeripuru
- 1 pulk (½ tassi) dieedipulga margariini, sulatatud

Apelsini täidis:
- 1 tass apelsinimahla
- 1 ümbrik maitsestamata želatiini
- 12 untsi Madala kalorsusega toorjuust (Neufchâtel), pehmendatud
- 1 tass rasvavaba ricotta juustu
- 12 pakki Võrdne magusaine
- 1 pakk madala kalorsusega vahustatud lisandisegu
- ½ tassi lõssi
- 2 keskmist apelsini, kooritud, seemnetest puhastatud ja tükeldatud (umbes 1 tass hakitud apelsinitükke)
- 1 apelsin, kooritud ja kaunistamiseks tükeldatud (soovi korral)

JUHISED:
KOORIK:
a) Pihustage 9-tollist vedrukujulist panni mittekleepuva köögiviljaspreiga.
b) Blenderda koore koostisosad korralikult läbi ning suru panni põhja ja külgedele pooleks.
c) Küpseta eelkuumutatud 350-kraadises ahjus 8–10 minutit või kuni taheneb. Lahe.

Apelsini täidis:
d) Valage apelsinimahl väikesesse kastrulisse. Piserda želatiin apelsinimahlaga ja lase 1 minut pehmeneda.
e) Kuumuta pidevalt segades, kuni želatiin lahustub (umbes 3 minutit).
f) Sega toorjuust ja ricotta juust suures kausis ühtlaseks massiks.
g) Valmista vahustatud kate vastavalt pakendi juhistele, asendades vee piimaga.
h) Sega juustusegu hulka vahustatud kate.
i) Sega juurde tükeldatud apelsinid.
j) Tõsta lusikaga täidis ettevalmistatud koore sisse ja määri ühtlaselt laiali.
k) Jahuta 6 tundi või üleöö.
l) Soovi korral kaunista apelsinilõikudega.
m) Nautige oma maitsvat apelsini šifooni juustukooki!

34.Passionfruit šifooni juustukook

KOOSTISOSAD:
ALUSELE:
- 1 tass küpsisepuru (soovitatav on Šoti näpuküpsised)
- ¼ tassi kookospähklit
- 80 g võid, sulatatud

JUUSTUKOOGI JAOKS:
- 500 g toorjuustu, pehmendatud
- ½ tassi tuhksuhkrut
- 3 tl želatiini
- ¼ tassi keeva veega
- 225 g valge šokolaadi bitti
- ½ tassi Passionfruit viljaliha
- Koor 2 laimilt
- 300 ml paksendatud koort
- 4 munavalget
- ¼ tassi tuhksuhkrut
- ¼ tassi Passionfruit viljaliha (lisa, tilgutamiseks)
- 300 ml paksendatud koort
- 2 supilusikatäit tuhksuhkrut

JUHISED:
a) Valmistage köögikombaini abil 1 tass küpsisepuru, töödeldes magusaid küpsiseid.
b) Määri ja vooderda 20 cm (8-tolline) ümmargune vedruga küpsetusvorm küpsetuspaberiga.
c) Sega suures kausis biskviidipuru, kookospähkel ja sulatatud või. Sega korralikult läbi.
d) Vala biskviidipuru ahjuvormi põhjale, suru ühtlaseks ja pane külmkappi jahtuma.
e) Vahusta eraldi kausis 300 ml paksenenud koort, kuni moodustuvad pehmed piigid. Kõrvale panema.
f) Vahusta munavalged väikeses kausis, kuni moodustuvad pehmed piigid. Kõrvale panema.
g) Sulata valge šokolaad kausis keeva vee kohal. Sega, kuni see on ühtlane ja täielikult sulanud. Eemaldage kuumusest ja laske veidi jahtuda.

h) Vahusta teises suures kausis toorjuust ja suhkur elektrimikseri abil ühtlaseks vahuks.
i) Lahusta želatiin keevas vees ja lisa see koos valge šokolaadi ja laimikoorega toorjuustusegule. Vahusta õrnalt, et segada.
j) Lisa passionivilja viljaliha ja sega õrnalt läbi.
k) Sega hulka vahukoor, millele järgneb vahustatud munavalge.
l) Vala segu ahjupannil olevale biskviitpurupõhjale.
m) Tõsta külmkappi ja lase taheneda vähemalt 3 tundi (soovitavalt kauem).
n) Kui see on tahenenud, valmistage glasuur, kuumutades väikeses potis ¼ tassi passionivilja viljaliha tuhksuhkruga. Hauta umbes 5 minutit, kuni see pakseneb. Lahe.
o) Vahusta 300 ml paksendatud koort ja 2 supilusikatäit tuhksuhkrut, kuni moodustuvad tugevad tipud.
p) Tõsta vahukoor juustukoogile ja nirista peale passionivilja glasuur.
q) Tõsta enne serveerimist tagasi külmkappi jahtuma.

35.Mango šifooni juustukook

KOOSTISOSAD:
- 1 1/2 tassi grahami kreekeripuru
- 1/4 tassi granuleeritud suhkrut
- 1/2 tassi soolata võid, sulatatud
- 1 ümbrik maitsestamata želatiin
- 1/4 tassi külma vett
- 1 tass mangopüreed
- 16 untsi toorjuustu, pehmendatud
- 1/2 tassi tuhksuhkrut
- 1 tl vaniljeekstrakti
- 1 tass koort, vahustatud

JUHISED:
a) Sega kausis Grahami kreekeripuru, granuleeritud suhkur ja sulatatud või. Suru segu 9-tollise vedruvormi põhja. Tõsta täidise valmistamise ajaks külmkappi.
b) Piserdage väikeses kastrulis külma veega želatiin ja laske 1 minut seista. Kuumuta tasasel tulel segades, kuni želatiin on täielikult lahustunud. Eemaldage kuumusest ja laske veidi jahtuda.
c) Vahusta toorjuust segamisnõus ühtlaseks. Lisa tuhksuhkur ja vaniljeekstrakt ning sega ühtlaseks massiks.
d) Lisa mangopüree vähehaaval toorjuustusegule, kloppides ühtlaseks.
e) Voldi hulka vahukoor, kuni see on hästi segunenud.
f) Valage želatiinisegu järk-järgult mangosegu hulka, segades pidevalt, kuni segu on segunenud.
g) Vala täidis ettevalmistatud koorele ja aja ühtlaselt laiali. Jahuta külmkapis vähemalt 4 tundi või kuni taheneb.
h) Kui see on tahenenud, eemaldage juustukook ettevaatlikult vormist. Serveeri jahutatult ja soovi korral kaunista värskete mangoviiludega.

36.Vaarika šifooni juustukook

KOOSTISOSAD:
- 1 1/2 tassi grahami kreekeripuru
- 1/4 tassi granuleeritud suhkrut
- 1/2 tassi soolata võid, sulatatud
- 1 ümbrik maitsestamata želatiin
- 1/4 tassi külma vett
- 1 tass värskeid või külmutatud vaarikaid
- 16 untsi toorjuustu, pehmendatud
- 1/2 tassi tuhksuhkrut
- 1 tl vaniljeekstrakti
- 1 tass koort, vahustatud

JUHISED:

a) Sega kausis Grahami kreekeripuru, granuleeritud suhkur ja sulatatud või. Suru segu 9-tollise vedruvormi põhja. Tõsta täidise valmistamise ajaks külmkappi.

b) Piserdage väikeses kastrulis külma veega želatiin ja laske 1 minut seista. Kuumuta tasasel tulel segades, kuni želatiin on täielikult lahustunud. Eemaldage kuumusest ja laske veidi jahtuda.

c) Püreesta blenderis või köögikombainis vaarikad ühtlaseks massiks. Kurna püree läbi peene sõela, et eemaldada seemned.

d) Vahusta toorjuust segamisnõus ühtlaseks. Lisa tuhksuhkur ja vaniljeekstrakt ning sega ühtlaseks massiks.

e) Lisa vähehaaval vaarikapüree toorjuustusegule, kloppides ühtlaseks.

f) Voldi hulka vahukoor, kuni see on hästi segunenud.

g) Valage želatiinisegu järk-järgult vaarikasegu hulka, segades pidevalt, kuni segu on segunenud.

h) Vala täidis ettevalmistatud koorele ja aja ühtlaselt laiali. Jahuta külmkapis vähemalt 4 tundi või kuni taheneb.

i) Kui see on tahenenud, eemaldage juustukook ettevaatlikult vormist. Serveeri jahutatult ning soovi korral kaunista värskete vaarikatega.

37.Blackberry šifooni juustukook

KOOSTISOSAD:

- 1 1/2 tassi grahami kreekeripuru
- 1/4 tassi granuleeritud suhkrut
- 1/3 tassi soolata võid, sulatatud
- 1 1/2 tassi värskeid murakaid
- 2 spl sidrunimahla
- 2 tl maisitärklist
- 3 pakki (igaüks 8 untsi) toorjuustu, pehmendatud
- 1 tass tuhksuhkrut
- 1 tl vaniljeekstrakti
- 1 tass koort, vahustatud

JUHISED:

a) Kuumuta ahi temperatuurini 325 ° F (160 ° C). Määrige 9-tolline vedruvorm.
b) Sega kausis kokku Grahami kreekeripuru, granuleeritud suhkur ja sulatatud või. Suru segu ettevalmistatud panni põhja.
c) Sega väikeses kastrulis murakad, sidrunimahl ja maisitärklis. Küpseta keskmisel kuumusel pidevalt segades kuni paksenemiseni. Eemaldage kuumusest ja laske jahtuda.
d) Vahusta suures segamiskausis toorjuust, tuhksuhkur ja vaniljeekstrakt ühtlaseks massiks.
e) Sega vahukoor õrnalt sisse, kuni see on hästi segunenud.
f) Määri pool toorjuustusegust ettevalmistatud koorikule.
g) Tõsta lusikaga pool murakasegust toorjuustukihile ja keeruta noaga.
h) Korrake ülejäänud toorjuustusegu ja murakaseguga.
i) Küpseta 45-50 minutit või kuni keskosa on hangunud.
j) Lase juustukoogil restil pannil jahtuda. Enne serveerimist hoia vähemalt 4 tundi või üleöö külmkapis.

38.Matcha šifooni juustukook

KOOSTISOSAD:
SIFOONITOOGI JAOKS:
- 4 suurt muna, eraldatud
- 1/4 tassi granuleeritud suhkrut
- 1/4 tassi taimeõli
- 1/4 tassi piima
- 1 tl vaniljeekstrakti
- 1 tass koogijahu
- 1 spl matcha pulbrit
- 1 tl küpsetuspulbrit
- 1/4 teelusikatäit soola

JUUSTUSTOOGI TÄIDISEKS:
- 8 untsi toorjuustu, pehmendatud
- 1/2 tassi tuhksuhkrut
- 1 tl matcha pulbrit
- 1 tass koort, jahutatud
- 1 tl vaniljeekstrakti

JUHISED:
a) Kuumuta ahi temperatuurini 325 ° F (160 ° C). Määri ja vooderda 8-tollise ümmarguse koogivormi põhi küpsetuspaberiga.
b) Vahusta suures segamiskausis munakollased 2 spl suhkruga heledaks ja kreemjaks vahuks. Lisage taimeõli, piim ja vaniljeekstrakt ning segage, kuni see on hästi segunenud.
c) Sõelu kokku koogijahu, matcha pulber, küpsetuspulber ja sool. Lisa munakollasesegule vähehaaval kuivained, sega ühtlaseks massiks.
d) Vahusta eraldi puhtas kausis munavalged vahuks. Lisage järk-järgult ülejäänud 2 supilusikatäit suhkrut ja jätkake vahustamist, kuni moodustuvad jäigad tipud.
e) Klopi lahtiklopitud munavalged ettevaatlikult taignasse, kuni triipe ei jää.
f) Vala tainas ettevalmistatud koogivormi ja silu pealt. Küpseta eelkuumutatud ahjus 30-35 minutit või kuni keskele torgatud hambaork tuleb puhtana välja.
g) Võta kook ahjust välja ja lase restil pannil täielikult jahtuda.

h) Koogi jahtumise ajal valmista juustukoogi täidis. Vahusta segamisnõus pehme toorjuust ühtlaseks massiks. Lisa tuhksuhkur ja matcha pulber ning klopi ühtlaseks ja kreemjaks.
i) Vahusta teises kausis jahutatud koor vaniljeekstraktiga, kuni moodustuvad jäigad tipud.
j) Sega vahukoor õrnalt toorjuustusegu hulka, kuni see on ühtlane ja hästi segunenud.
k) Kui šifoonikook on täielikult jahtunud, lõigake see ettevaatlikult horisontaalselt kaheks kihiks.
l) Aseta üks kiht šifoonikooki serveerimistaldrikule või tordialusele. Määri koogikihile ohtralt matcha juustukoogi täidist.
m) Aseta täidise peale teine kiht šifoonikooki. Määri ülejäänud matcha juustukoogi täidis koogi peale ja külgedele.
n) Hoia kooki külmkapis vähemalt 4 tundi või kuni tahenema.
o) Enne serveerimist võid tordi pealt soovi korral kaunistuseks veel matcha pulbrit üle puistada.
p) Viiluta ja serveeri matcha šifooni juustukook jahutatult. Nautige!

39.Ingveri pirni šifooni juustukook

KOOSTISOSAD:
SIFOONITOOGI JAOKS:
- 4 suurt muna, eraldatud
- 1/4 tassi granuleeritud suhkrut
- 1/4 tassi taimeõli
- 1/4 tassi piima
- 1 tl vaniljeekstrakti
- 1 tass koogijahu
- 1 tl jahvatatud ingverit
- 1 tl küpsetuspulbrit
- 1/4 teelusikatäit soola

JUUSTUSTOOGI TÄIDISEKS:
- 8 untsi toorjuustu, pehmendatud
- 1/2 tassi tuhksuhkrut
- 1/2 tl jahvatatud ingverit
- 1 tl vaniljeekstrakti
- 1 tass koort, jahutatud

Pirnikatte jaoks:
- 2 küpset pirni, kooritud, puhastatud südamikust ja viilutatud
- 2 spl soolata võid
- 2 spl pruuni suhkrut
- 1 tl jahvatatud kaneeli
- 1/2 tl jahvatatud ingverit
- 1/4 tassi vett

JUHISED:

a) Kuumuta ahi temperatuurini 325 ° F (160 ° C). Määri ja vooderda 8-tollise ümmarguse koogivormi põhi küpsetuspaberiga.

b) Vahusta suures segamiskausis munakollased 2 spl suhkruga heledaks ja kreemjaks vahuks. Lisage taimeõli, piim ja vaniljeekstrakt ning segage, kuni see on hästi segunenud.

c) Sõelu kokku koogijahu, jahvatatud ingver, küpsetuspulber ja sool. Lisa munakollasesegule vähehaaval kuivained, sega ühtlaseks massiks.

d) Vahusta eraldi puhtas kausis munavalged vahuks. Lisage järk-järgult ülejäänud 2 supilusikatäit suhkrut ja jätkake vahustamist, kuni moodustuvad jäigad tipud.

e) Klopi lahtiklopitud munavalged ettevaatlikult taignasse, kuni triipe ei jää.
f) Vala tainas ettevalmistatud koogivormi ja silu pealt. Küpseta eelkuumutatud ahjus 30-35 minutit või kuni keskele torgatud hambaork tuleb puhtana välja.
g) Võta kook ahjust välja ja lase restil pannil täielikult jahtuda.
h) Koogi jahtumise ajal valmista juustukoogi täidis. Vahusta segamisnõus pehme toorjuust ühtlaseks massiks. Lisa tuhksuhkur, jahvatatud ingver ja vaniljeekstrakt ning klopi ühtlaseks ja kreemjaks.
i) Vahusta teises kausis jahutatud rõõsk koor, kuni moodustuvad tugevad piigid. Sega vahukoor õrnalt toorjuustusegu hulka, kuni see on ühtlane ja hästi segunenud.
j) Kui šifoonikook on täielikult jahtunud, lõigake see ettevaatlikult horisontaalselt kaheks kihiks.
k) Aseta üks kiht šifoonikooki serveerimistaldrikule või tordialusele. Määri koogikihile ohtralt ingveri-juustukoogi täidist.
l) Aseta täidise peale teine kiht šifoonikooki. Määri ülejäänud ingveri-juustukoogi täidis koogi peale ja külgedele.
m) Pirnikatte valmistamiseks sulata või pannil keskmisel kuumusel. Lisa viilutatud pirnid, pruun suhkur, jahvatatud kaneel, jahvatatud ingver ja vesi. Küpseta aeg-ajalt segades, kuni pirnid on pehmenenud ja karamelliseerunud, umbes 5–7 minutit . Eemaldage kuumusest ja laske veidi jahtuda.
n) Tõsta juustukoogi peale lusikaga karamelliseeritud pirnikate.
o) Hoia juustukooki külmkapis vähemalt 4 tundi või kuni see on tahenenud.
p) Enne serveerimist võid juustukoogi ülaosa kaunistada soovi korral täiendavate värske pirni viiludega.
q) Viiluta ja serveeri ingveripirni šifooni juustukook jahutatult. Nautige vürtsika ingveri, magusate pirnide ja kreemja juustukoogi täidise maitsvat kombinatsiooni!

40. Karamelliseeritud banaani šifooni juustukook

KOOSTISOSAD:
SIFOONITOOGI JAOKS:
- 4 suurt muna, eraldatud
- 1/4 tassi granuleeritud suhkrut
- 1/4 tassi taimeõli
- 1/4 tassi piima
- 1 tl vaniljeekstrakti
- 1 tass koogijahu
- 1 tl küpsetuspulbrit
- 1/4 teelusikatäit soola

JUUSTUSTOOGI TÄIDISEKS:
- 8 untsi toorjuustu, pehmendatud
- 1/2 tassi tuhksuhkrut
- 1 tl vaniljeekstrakti
- 1 tass koort, jahutatud

KARAMELLISEERITUD BANAANIKATTE PUHUL:
- 2 küpset banaani, viilutatud
- 2 spl soolata võid
- 1/4 tassi pruuni suhkrut
- 1/4 tl jahvatatud kaneeli
- 1/4 tassi rasket koort

JUHISED:
a) Kuumuta ahi temperatuurini 325 ° F (160 ° C). Määri ja vooderda 8-tollise ümmarguse koogivormi põhi küpsetuspaberiga.
b) Vahusta suures segamiskausis munakollased 2 spl suhkruga heledaks ja kreemjaks vahuks. Lisage taimeõli, piim ja vaniljeekstrakt ning segage, kuni see on hästi segunenud.
c) Sõelu kokku koogijahu, küpsetuspulber ja sool. Lisa munakollasesegule vähehaaval kuivained, sega ühtlaseks massiks.
d) Vahusta eraldi puhtas kausis munavalged vahuks. Lisage järk-järgult ülejäänud 2 supilusikatäit suhkrut ja jätkake vahustamist, kuni moodustuvad jäigad tipud.
e) Klopi lahtiklopitud munavalged ettevaatlikult taignasse, kuni triipe ei jää.

f) Vala tainas ettevalmistatud koogivormi ja silu pealt. Küpseta eelkuumutatud ahjus 30-35 minutit või kuni keskele torgatud hambaork tuleb puhtana välja.
g) Võta kook ahjust välja ja lase restil pannil täielikult jahtuda.
h) Koogi jahtumise ajal valmista juustukoogi täidis. Vahusta segamisnõus pehme toorjuust ühtlaseks massiks. Lisa tuhksuhkur ja vaniljeekstrakt ning klopi ühtlaseks ja kreemjaks.
i) Vahusta teises kausis jahutatud rõõsk koor, kuni moodustuvad tugevad piigid. Sega vahukoor õrnalt toorjuustusegu hulka, kuni see on ühtlane ja hästi segunenud.
j) Kui šifoonikook on täielikult jahtunud, lõigake see ettevaatlikult horisontaalselt kaheks kihiks.
k) Aseta üks kiht šifoonikooki serveerimistaldrikule või tordialusele. Määri koogikihile ohtralt juustukoogi täidist.
l) Aseta täidise peale teine kiht šifoonikooki. Määri ülejäänud juustukoogi täidis koogi peale ja külgedele.
m) Karamelliseeritud banaanikatte valmistamiseks sulata või pannil keskmisel kuumusel. Lisa viilutatud banaanid, pruun suhkur ja jahvatatud kaneel. Küpseta aeg-ajalt segades, kuni banaanid on pehmenenud ja karamelliseerunud, umbes 5–7 minutit . Eemaldage kuumusest ja laske veidi jahtuda.
n) Kuumuta koor eraldi väikeses potis soojaks. Valage soe koor karamelliseeritud banaanidele ja segage, kuni see on hästi segunenud.
o) Tõsta juustukoogi peale lusikaga karamelliseeritud banaanikate.
p) Hoia juustukooki külmkapis vähemalt 4 tundi või kuni see on tahenenud.
q) Enne serveerimist võid juustukoogi ülaosa kaunistada soovi korral täiendavate värske banaani viiludega.
r) Viiluta ja serveeri karamelliseeritud banaani šifoonist juustukook jahutatult. Naudi magusate karamelliseeritud banaanide ja kreemja juustukoogi täidise maitsvat kombinatsiooni!

SIFONIKOOGID

41.Yuzu šifoonikook

KOOSTISOSAD:
- 3 munavalget
- 40 g peent suhkrut
- 3 munakollast
- 10 g peent suhkrut
- 20 g riisikliid/taimeõli
- 40 g Yuzu mahla
- 15 g Korea sidruniteed

JUHISED:
a) Vooderda 6-tollise ümmarguse koogivormi põhi küpsetuspaberiga. Külge ei pea määrima.
b) Sõelu koogijahu kaks korda läbi. Kõrvale panema.
c) Lõika sidrunitee koored tükkideks. Segage väikeses keeduklaasis riisikliid/taimeõli, yuzu mahl ja sidrunitee. Kõrvale panema.
d) Vahusta eraldi kausis munakollane 10 g peensuhkruga heledaks ja kreemjaks vahuks
e) Lisage segu järk-järgult.
f) Sõelu ja kombineeri jahu paaris osas, et vältida jahu liigset segamist. Katke ja asetage kõrvale.
g) Vahusta eraldi, puhtas ja rasvavabas segamisnõus munavalge vahuks, seejärel hakake järk-järgult lisama 40 g suhkrut. Löö keskmise ja suure kiirusega kuni peaaegu jäiga tipptasemeni.
h) Vähendage mikseri kiirust viimasel minutil. Kõrvale panema.
i) Lisa umbes ⅓ besee ja sega korralikult läbi.
j) Vala tagasi, et segu ülejäänud beseega kokku puutuda. Voldi, et segada ühtlaseks taignaks.
k) Valage tainas määrimata 6-tollisse ümmargusse koogivormi. Tõmmake pann vastu tööpinda, et eemaldada kõik kinni jäänud õhumullid.
l) Küpseta eelsoojendatud ahjus 140 kraadini umbes 25-30 minutit, kõige madalamal siinil.
m) Kui kook kerkib peaaegu koogivormi servani, tõsta temperatuur 10-15 minutiks 170 kraadini.

n) 10 minutit pärast küpsetamist 170 kraadi juures tõusis kook jätkuvalt koogivormi servast kõrgemale. 15 minutit pärast küpsetamist 170 kraadi juures.
o) Eemaldage ahjust ja kukutage kook koos vormiga 3 korda riidele. Pöörake vorm kohe ümber resti, et see umbes 25 minutiks jahtuks.
p) Pöörake kuum kook umbes 25 minutiks lahtise riisi keedupoti peal oleva resti kohal. Ma leian, et see on lihtsam kui kahe kausi peal balansseerimine,
q) Eemalda kook vormist ja jahuta restil maha.
r) Enne lõikamist lase koogil täielikult jahtuda.

42.Šokolaadi šifooni kook

KOOSTISOSAD:
- 1 ¾ tassi universaalset jahu
- 1 ½ tassi granuleeritud suhkrut
- ¾ tassi magustamata kakaopulbrit
- 1 ½ teelusikatäit küpsetuspulbrit
- 1 tl söögisoodat
- ½ tl soola
- ½ tassi taimeõli
- 7 suurt muna, eraldatud
- 1 tass vett
- 1 tl vaniljeekstrakti
- ½ tl koort hambakivi

ŠOKOLAADI-VAHUKOOREKREEMI KASTUMISEKS:
- 2 tassi koort, külm
- ½ tassi tuhksuhkrut
- ¼ tassi magustamata kakaopulbrit
- 1 tl vaniljeekstrakti

VALIKULINE GARNIS:
- Šokolaadilaastud
- Värsked marjad

JUHISED:
ŠOKOLAADI SIFOONITOOGI JAOKS:
a) Kuumuta ahi 170 °C-ni (340 °F) ning määri ja jahuga 10-tolline torupann.
b) Vahusta suures segamiskausis jahu, granuleeritud suhkur, kakaopulber, küpsetuspulber, sooda ja sool.
c) Tehke kuivainete keskele süvend ja lisage taimeõli, munakollased, vesi ja vaniljeekstrakt. Vahusta ühtlaseks ja hästi segunevaks.
d) Vahusta eraldi kausis elektrimikseriga munavalged ja hambakoor, kuni moodustuvad tugevad piigid.
e) Klopi lahtiklopitud munavalged ettevaatlikult šokolaaditaignasse, jälgides, et mitte üle segada.
f) Vala tainas ettevalmistatud toruvormi ja silu pealt spaatliga ühtlaseks.

g) Küpseta eelkuumutatud ahjus umbes 45-50 minutit või kuni koogi keskele torgatud hambaork tuleb puhtana välja.
h) Eemaldage kook ahjust ja keerake vorm restile, et see täielikult jahtuda. See aitab koogil oma kõrgust säilitada ja hoiab ära selle kokkuvarisemise.

ŠOKOLAADI-VAHUKOOREKREEMI KASTUMISEKS:

i) Vahusta jahtunud segamiskausis koor, tuhksuhkur, kakaopulber ja vaniljeekstrakt, kuni moodustuvad tugevad piigid.
j) Olge ettevaatlik, et mitte üle vahustada, sest see võib muuta koore võiks.

KOOSTAMINE:

k) Kui šokolaadi-šifoonikook on täielikult jahtunud, lükake noaga ümber panni servade, et kook lahti saada. Eemaldage see pannilt ja asetage see serveerimistaldrikule.
l) Määri šokolaadivahukoor koogi pealispinnale ja külgedele, kasutades spaatlit, et luua sile ja ühtlane kiht.
m) Valikuline: kaunista kook šokolaadilaastude ja värskete marjadega, et lisada elegantsi.
n) Tükeldage ja serveerige šokolaadi-šifoonikook, nautides selle kerget ja šokolaadist headust.

43. Dalgona šifoonikook

KOOSTISOSAD:
TOOGI JAOKS:
- 6 suurt muna, eraldatud
- ½ tassi granuleeritud suhkrut
- ½ tassi taimeõli
- ½ tassi Dalgona kohvi
- 1 tl vaniljeekstrakti
- 1 ½ tassi koogijahu
- 2 tl küpsetuspulbrit
- ¼ teelusikatäit soola

DALGONA KOHVI-VAHUKOOREKRARMASTUSE PUHUL:
- 1 ½ tassi rasket koort, jahutatud
- ¼ tassi tuhksuhkrut
- ¼ tassi Dalgona kohvi
- Kakaopulber (tolmutamiseks, valikuline)

JUHISED:
a) Kuumuta ahi temperatuurini 325 °F (165 °C). Määri ja jahuga šifoonist koogivorm.
b) Vahusta suures segamiskausis munakollased ja suhkur kreemjaks ja kahvatukollaseks vahuks.
c) Lisage munakollase segule taimeõli, Dalgona kohv ja vaniljeekstrakt. Sega hästi.
d) Vahusta eraldi kausis koogijahu, küpsetuspulber ja sool.
e) Lisage kuivained järk-järgult märgadele koostisosadele, segades, kuni need on lihtsalt segunenud. Olge ettevaatlik, et mitte üle segada.
f) Vahusta teises puhtas kausis munavalged, kuni moodustuvad pehmed tipud.
g) Klopi lahtiklopitud munavalged õrnalt taignasse, kuni see on hästi segunenud.
h) Vala tainas ettevalmistatud šifoonist koogivormi. Silu spaatliga pealt üle.
i) Küpseta eelkuumutatud ahjus umbes 45-50 minutit või kuni koogi keskele torgatud hambaork tuleb puhtana välja.

j) Võta kook ahjust välja ja lase pannil tagurpidi jahtuda, et see kokku ei vajuks.
k) Kui kook on täielikult jahtunud, eemaldage see ettevaatlikult vormist.
l) Dalgona kohvi vahukoore külmutamiseks vahusta jahutatud koor ja tuhksuhkur, kuni moodustuvad pehmed tipud. Lisage Dalgona kohv ja jätkake vahustamist, kuni tekivad jäigad tipud.
m) Määri jahtunud šifoonikook Dalgona kohvi vahukoorega, kattes koogi pealt ja küljed.
n) Valikuline: puista koogi ülaosa maitse ja kaunistuse lisamiseks kakaopulbriga.
o) Viiluta ja serveeri Dalgona kohvi šifoonikook. Nautige!

44. Banaani šifooni kook

KOOSTISOSAD:
- 1 tass munavalget
- ½ tl hambakivi
- 2¼ tassi koogijahu
- 1 spl küpsetuspulbrit
- 1¼ tassi suhkrut
- 5 munakollast
- 1 tass banaani; Purustatud
- ½ tassi õli
- 3 supilusikatäit Bourbon
- 1 tl vanilli
- 2 supilusikatäit Bourbon
- 1 spl Piima
- 1½ tassi kondiitri suhkrut; Sõelutud
- Maasikad (kaunistuseks)
- Tükeldatud banaan (kaunistuseks)

JUHISED:
a) Kuumuta ahi temperatuurini 325 ° F. Valmistage ette 10-tolline eemaldatava põhjaga torupann; ärge määrige.
b) Lisa munavalgetele hambakivi ja vahusta elektrimikseriga kuni moodustuvad tugevad piigid. Olge ettevaatlik, et mitte üle lüüa.
c) Segage teises kausis jahu, suhkur ja küpsetuspulber, kuni need on hästi segunenud. Tee keskele süvend ja lisa munakollased, püreestatud banaanid, õli, burboniga vesi (⅓ tassi) ja vanill.
d) Vahusta koostisosad süvendis elektrimikseri abil, lisades järkjärgult kuivained servadest, kuni saadakse ühtlane tainas.
e) Valage ⅓ taignast munavalgetele ja segage kiiresti, kuid õrnalt, kuni tainas ja valged on segunenud. Korrake seda protsessi kaks korda ülejäänud taignaga.
f) Valage kombineeritud tainas ettevalmistatud toruvormi. Küpseta 55 minutit ilma ahju ust avamata, et kook maha ei kukuks. Tõstke ahju temperatuur 350 °F-ni ja küpsetage veel 10-15 minutit või kuni keskele torgatud hambaork tuleb puhtana välja.
g) Riputage kook tagurpidi, et see täielikult jahtuda. Kui kook on jahtunud, eemaldage see vormist.

GLASE:
h) Kuumuta burbon ja piim keemiseni. Segage kondiitri suhkrut kuni lahustumiseni.
i) Nirista glasuur kohe koogi peale ja külgedele.
j) Enne kaunistamist lase koogil jahtuda, kuni glasuur on tardunud.
k) Kaunista viilutatud banaanide ja maasikatega.
l) Serveerimiseks lõika kook pika sakilise noaga.

45. Šifoonist meekook

KOOSTISOSAD:
- 4 muna
- 1 tass Suhkur
- 1 tass õli
- 1½ tassi mett
- 3 tassi Jahu
- 3 tl Küpsetuspulbrit
- ½ tl Söögisoodat
- 1 tl kaneeli
- 1 tass külma kohvi

JUHISED:
a) Kuumuta ahi 350 kraadini.
b) Klopi suures kausis munad korralikult lahti. Lisa suhkur ja klopi suurel kiirusel, kuni segu on kerge ja kreemjas.
c) Lisa munasegule õli ja mesi, vahustades keskmisel kiirusel, kuni see on hästi segunenud.
d) Sega eraldi kausis kuivained jahu, küpsetuspulber, sooda ja kaneel.
e) Lisa munasegule kuivained vaheldumisi külma kohviga.
f) Valage tainas määrimata 10-tollise toruga pannile.
g) Küpseta 350 kraadi juures 15 minutit, seejärel alanda kuumust 325 kraadini ja küpseta veel tund aega või kuni keskele torgatud hambaork tuleb puhtana välja.
h) Kui kook on valmis , pööra see ümber ja lase enne vormist väljavõtmist täielikult jahtuda.
i) Nautige oma maitsvat šifooni-meekooki!

46. Tahini šifoonikook mee ja rabarberiga

KOOSTISOSAD:
PÕLETUD MESI
- ½ tassi mett
- ½ tl koššersoola
- ⅓ tassi jahutatud rasket koort

POŠERITUD RABARBER
- 3 rohelist kardemoni kauna, lahti murtud (valikuline)
- 1 tass (200 g) orgaanilist roosuhkrut või granuleeritud suhkrut
- 3 roosat rabarberivart, kärbitud, lehed eemaldatud, tükkideks lõigatud

KOOK JA KOOSTAMINE
- Mittekleepuv taimeõli pihusti või taimeõli
- ½ tassi (65 g) seesamiseemneid
- ½ tassi pluss 1 tl (72 g) koogijahu
- 1 tl küpsetuspulbrit
- ½ tl koššersoola
- 2 suurt munakollast, toasoe
- 2 supilusikatäit pluss ¾ teelusikatäit (35 g) tahini
- 8 supilusikatäit (100 g) orgaanilist roosuhkrut või granuleeritud suhkrut, jagatud
- 3 suurt munavalget, toasoe
- ⅛ teelusikatäis hambakivi või näputäis äädikat või värsket sidrunimahla
- ⅔ tassi jahutatud rasket koort

JUHISED:
PÕLETUD MESI
a) Kuumuta mesi keskmisel kuumusel keemiseni keskmisel kastrulis (veidi suurem, kui arvate, et vaja läheb , sest mesi hakkab mullitama) ja küpseta kuni kuldpruuni ja röstise lõhnani, umbes 2 minutit.

b) Eemaldage tulelt ja segage soolaga. Vala ettevaatlikult sisse koor (see aitab küpsemist peatada). Mesi hakkab mullitama ja pritsima, nii et olge ettevaatlik.

c) Sega puulusika või kummilabidaga homogeenseks massiks. Laske põlenud mee segul jahtuda, seejärel viige see õhukindlasse anumasse.
d) Katke ja jahutage, kuni see on külm, vähemalt 3 tundi. Tee ette: Põletatud mee segu saab valmistada 3 päeva ette. Hoida jahedas.

POŠERITUD RABARBER

e) Kuumuta kardemon (kui kasutad), suhkur ja ¾ tassi vett keskmisel kastrulis keskmisel kõrgel kuumusel keema, segades suhkru lahustamiseks.
f) Kui kasutate kardemoni, eemaldage see tulelt, katke ja laske 15 minutit tõmmata. Kuumutage siirup keskmisel-kõrgel tulel tagasi ja keetke.
g) Lisa rabarber ja küpseta, kuni segu hakkab uuesti mullitama; eemalda kuumusest. Kata kaanega ja lase seista, kuni rabarberitükid on pehmenenud, kuid säilitavad siiski oma kuju, 70–80 minutit. Tehke ette: rabarberit saab pošeerida 1 päev ette. Tõsta õhukindlasse anumasse; katke ja jahutage.

KOOK JA KOOSTAMINE

h) Kuumuta ahi temperatuurini 350 ° F. Katke koogivorm kergelt mittenakkuva pihusti või õliga. Vooderda põhi küpsetuspaberiga ümmarguselt ja pritsi või õli ringi. Valage pannile seesamiseemned ja raputage ettevaatlikult ning kallutage panni põhja ja külgede katmiseks, patsutage üleliigne välja. Sõeluge koogijahu, küpsetuspulber ja sool keskmisesse kaussi.
i) Vahusta munakollased, tahini, 6 supilusikatäit (75 g) suhkrut ja 3 supilusikatäit toasooja vett väikeses kausis. Lisa kuivained ja klopi korralikult läbi; pane tainas kõrvale.
j) Vahusta munavalged ja viinakivi vahuga segisti kausis keskmisel kiirusel umbes 15 sekundi jooksul, kuni tekivad vahused mullid. Kui mootor töötab, puista ülejäänud 2 supilusikatäit (25 g) suhkrut teelusikatäie kaupa, vahustades pärast iga lisamist 15–20 sekundit, et enne lisamist segada. (Võtke aega tugeva besee valmistamiseks ja kook tänab teid selle eest.) Vahusta, kuni besee on läikiv ja tekivad jäigad tipud.
k) Lisage kummist spaatliga üks kolmandik beseest reserveeritud taignale ja voltige, kuni see muutub lihtsalt triibuliseks, jälgides, et

besee ei tühjeneks. Korrake veel kaks korda, jagage ülejäänud besee pooleks ja segage viimast lisandit, kuni triipe ei jää. Kraapige tainas kohe ettevalmistatud pannile ja koputage panniga kergelt vastu letti, et mullid ühtlaselt jaotuks ja ühtlustuks.

l) Küpsetage kooki 30–35 minutit, kuni keskele sisestatud tester väljub puhtana ja ülaosa on paisunud ja põrkub tagasi, kui seda õrnalt vajutada . Pöörake kook viivitamatult restile, koorige pärgament ära ja keerake parem pool üles.

m) Lase jahtuda (jahtudes pealt tasandub). Pöörake kook koogile või muule suurele taldrikule, nii et seesamikoor oleks peal.

n) Vahusta jahtunud kõrbenud meesegu ja koor visplipeaga varustatud statiivimikseri puhtas kausis (sobivad ka keskmine kauss ja vispliga), kuni moodustuvad keskmiselt kõvad tipud. (Soovite täiuslikku täidise konsistentsi, kus see hoiab oma kuju taldrikul, kuid on siiski veidi lõtv.)

o) Serveerimiseks viiluta kook sakilise noaga kuueks viiluks, kasutades pikka ja õrna saagimisliigutust. See aitab säilitada koogi puru ja annab teile puhta viilu. Jaga, lõikepool allpool, taldrikutele ja lusikaga paar kuhjaga supilusikatäit kõrbenud meekreemi.

p) Tõsta kahvli abil siirupist välja 3–4 rabarberitükki ja säti koogi kõrvale.

q) Soovi korral nirista koogile veidi rabarberisiirupit.

47.Šokolaaditükkidega šifoonikook

KOOSTISOSAD:
- 2¼ tassi jahu
- 1 spl Küpsetuspulber
- 1 tl Sool
- 1¾ tassi suhkrut
- ½ tassi taimeõli
- ¾ tassi vett
- 5 munakollast
- 2 tl vaniljeekstrakti
- 7 munavalget
- ½ tl hambakivi
- 1 unts (3 ruutu) magustamata šokolaad, riivitud
- 1 unts (3 ruutu) magustamata šokolaadi
- 3 supilusikatäit Lühendamine
- 2 tassi tuhksuhkrut, sõelutud
- ¼ tassi (+1 supilusikatäis) piima
- 1 tl vaniljeekstrakti

JUHISED:
a) Sõelu omavahel jahu, küpsetuspulber, sool ja suhkur. Tee kuivainete keskele süvend.
b) Lisa õli, vesi, munakollased ja vanill. Vahusta keskmisel kiirusel elektrimikseriga 2 minutit.
c) Vahusta eraldi kausis suurel kiirusel munavalged ja viinakoor, kuni moodustuvad tugevad piigid.
d) Vala munakollasesegu õhukese ühtlase joana üle kogu munavalge pinna. Sega valged õrnalt munakollasesegu hulka.
e) Voldi sisse riivitud šokolaad. Valage tainas määrimata 10-tollisse toruvormi, ajades spaatliga ühtlaselt laiali.
f) Küpseta 325 ° F juures 55 minutit. Tõstke temperatuuri 350 °F-ni ja küpsetage veel 10 minutit või kuni kook kerkib kergelt puudutamisel tagasi.
g) Eemaldage ahjust; Keera pann tagurpidi ja lase koogil 40 minutit jahtuda.
h) Lõdvendage kooki kitsa metalllabida abil vormi külgedelt ja eemaldage seejärel vormist.

JÄRASTUS:
i) Kombineeri topeltboileri ülaosas šokolaad ja juust. Lase vesi keema; alanda kuumust ja küpseta aeg-ajalt segades, kuni šokolaad sulab.
j) Lisa suhkur ja sega ühtlaseks.
k) Lisa piim ja ülejäänud koostisosad; sega, kuni glasuur on laialivalguva konsistentsiga.
l) Määri glasuur koogi peale ja külgedele.
m) Nautige oma dekadentlikku šokolaaditükkidega šifoonikooki!

48. Sifonki sidruni-mooni kook

KOOSTISOSAD:
- 2¼ tassi sõelumata koogijahu
- 1¼ tassi suhkrut
- 3 spl mooniseemneid
- 1 spl Küpsetuspulber
- 1 spl peeneks riivitud sidrunikoor
- ¼ teelusikatäit soola
- 8 suurt munavalget, toatemperatuuril
- ½ tl hambakivi
- 4 suurt munakollast
- ½ tassi rapsi või muud taimeõli
- ½ tassi vett
- ¼ tassi sidrunimahla
- 1 tl sidruniekstrakti

JUHISED:
a) Sega keskmises kausis jahu, 1 tass suhkrut, mooniseemned, küpsetuspulber, sidrunikoor ja sool. Kõrvale panema.
b) Kuumuta ahi temperatuurini 325 ° F. Vahusta suures kausis suurel kiirusel töötava elektrimikseriga munavalged ja tartarikoor, kuni moodustuvad pehmed piigid. Vahusta järk-järgult ülejäänud ¼ tassi suhkrut, kuni moodustuvad jäigad tipud. Tõsta vahustatud valged kõrvale.
c) Tee jahusegu keskele süvend. Lisa munakollased, õli, vesi, sidrunimahl ja sidruniekstrakt; klopi mikseriga keskmisel kiirusel, kuni tainas on ühtlane. Sega sidrunitainas väga õrnalt vahustatud munavalgeteks, kuni see on ühtlaseks seguks.
d) Laota taigen rasvata 10-tollisse eemaldatava põhjaga toruvormi.
e) Küpseta 65–70 minutit või kuni koogi keskosa lähedale sisestatud koogitester tuleb puhtana välja.
f) Pöörake pann ümber lehtri või pudeli ja jahutage täielikult. Koogi vormist eemaldamiseks vabasta kook panni ümbert ettevaatlikult väikese metallist spaatliga. Eemaldage panni külg. Lõdvendage keskosa ja põhja ning eemaldage vormi põhi koogist.
g) Asetage kook, parem pool üleval, serveerimistaldrikule ; viiluta ja serveeri.
h) Nautige oma veetlevat sidruni-mooni šifoonikooki!

49.Earl Grey šifoonikook

KOOSTISOSAD:

- 6 suurt muna, eraldatud
- 1/2 tassi granuleeritud suhkrut
- 1/4 tassi taimeõli
- 1/4 tassi piima
- 1 tl vaniljeekstrakti
- 1/4 tassi tugevalt keedetud Earl Grey teed, jahutatud
- 1 1/4 tassi koogijahu
- 1 supilusikatäis Earl Grey teelehti (valikuline)
- 1 tl küpsetuspulbrit
- 1/4 teelusikatäit soola

JUHISED:

a) Kuumuta ahi temperatuurini 325 ° F (160 ° C). Määri ja jahuga šifoonist koogivorm.
b) Vahusta suures segamiskausis munakollased suhkruga kahvatuks ja kreemjaks vahuks. Lisage taimeõli, piim, vaniljeekstrakt ja keedetud Earl Grey tee. Sega hästi.
c) Sõelu kokku koogijahu, valikulised teelehed , küpsetuspulber ja sool. Lisa munakollasesegule vähehaaval kuivained, sega ühtlaseks massiks.
d) Vahusta eraldi puhtas kausis munavalged vahuks. Lisa vähehaaval suhkur ja jätka vahustamist, kuni moodustuvad jäigad tipud.
e) Klopi lahtiklopitud munavalged õrnalt taignasse, kuni see on täielikult segunenud.
f) Vala tainas ettevalmistatud šifoonist koogivormi ja silu pealt.
g) Küpseta eelkuumutatud ahjus 40–45 minutit või kuni keskele torgatud hambaork tuleb puhtana välja.
h) Pärast küpsetamist eemaldage vorm ahjust ja keerake vorm koheselt restile, et see täielikult jahtuda.
i) Pärast jahtumist eemalda kook ettevaatlikult vormist ja serveeri tuhksuhkru või vahukoorega üle puistatud viilud.

50.Lavendli šifooni kook

KOOSTISOSAD:
LAVENDLI SIFONI KÄSNA
- 7 muna (toasoe)
- 300 g suhkrut
- 100 ml päevalilleõli
- 300 g universaalset jahu
- 4 tl küpsetuspulbrit
- 160 ml täispiima
- 1 tl lavendli ekstrakti

VEITSI BESESE VÕIKREEM
- 270 g suhkrut
- 65 ml vett
- 5 munavalget
- 340 g võid (toatemperatuur)
- Paar tilka lavendli ekstrakti
- Toiduvärv (lilla + roosa)

JUHISED:
VALMISTA LAVENDLI SIFONIKOOK
a) Kuumuta ahi 175°C-ni (375°F).
b) Või ja jahuga koogivormid ning vooderda põhi küpsetuspaberiga.
c) Vahusta 6 munakollast, suhkur ja lavendliekstrakt elektrimikseriga kahvatuks ja kohevaks vahuks.
d) Segades lisage aeglaselt päevalilleõli.
e) Vahusta eraldi kausis elektrimikseriga 7 munavalget kohevaks vahuks.
f) Vaheldumisi piima ja jahuga, lisa segule ja sega ühtlaseks.
g) Järgmisena sega munavalged õrnalt taigna hulka.
h) Jaga taigen ühtlaselt kolme koogivormi vahel.
i) Küpseta kooki 25 kuni 30 minutit.
j) PSA: iga ahi on ainulaadne, seega on võimalik, et teie ahi vajab lühemat või pikemat küpsetusaega.
k) Torka hambaork ühe koogi sisse 20 minuti juures , et hinnata, kui kaua kook veel ahjus vajab.
l) Võta vormid ahjust välja.

m) Pöörake iga kook koos koogivormiga tagurpidi küpsetuspaberiga kaetud ahjuplaadile. See aitab vältida käsna vajumist.
n) Lase 20 minutit jahtuda, seejärel eemalda vormidest. Lase restil jahtuda.

LAVENDLI SVEITSI BESESE VÕIKREEM

o) Pane suhkur ja vesi kastrulisse ning kuumuta keemiseni.
p) Lisa vispliga varustatud mikseri kaussi 5 munavalget.
q) Kui suhkur on saavutanud 116 °C (240 °F), hakake munavalgeid tugevaks vahustama.
r) Kui suhkur on saavutanud 121 °C (250 °F), eemaldage see pliidilt ja valage aeglaselt vahustatud munavalgete hulka, samal ajal madalal vahustades.
s) Pärast kogu siirupi lisamist keera kiirus suureks ja vahusta, kuni segu on jahtunud leigeks ning besee on jäik ja kohev.
t) Lõika või väikesteks tükkideks ja lisa vähehaaval veel vispeldades. Tekstuur näeb välja läikiv ja sile.
u) Lisa lavendli ekstrakt.
v) Kui besee tundub vedel või lõhenenud, jäta mõneks minutiks sügavkülma ja vahusta uuesti.

KOOGI KOKKUPANEK

w) Eemaldage koogi tasandaja abil iga koogi pealmine osa. Eemalda koogi põhi, millest saab keskmine kiht. Kõik 3 kihti tuleks kärpida samale kõrgusele.
x) Pane koogilaud keeratavale koogile ja lisa veidi besee.
y) Tõsta koogi alumine kiht tordiplaadile. Puru pool peaks olema allapoole.
z) Soovi korral pintselda švammi suhkrusiirupiga.
aa) Määri spaatliga kiht võikreemi.
bb) Lisage teine kiht ja korrake ülaltoodud sammu.
cc) Aseta peale kolmas ja viimane kiht.
dd) Kandke õhuke kiht võikreemi kogu koogi peale, peal ja külgedel.
ee) Pane 25 minutiks külmkappi.
ff) Tõsta kõrvale 1/3 ülejäänud Šveitsi besee võikreemist ja lisa toiduvärvi, et saavutada lilla värv.
gg) Asetage valge ja lilla võikreemid kumbki torukotti.

hh) Tõsta lilla besee koogi küljele altpoolt umbes poole koogi kõrguseni, seejärel lisa valge besee koogi küljele ja peale.
ii) Tasandage võikreem kraabitsa abil ühtlaseks karvaks ja lisage aukude lappimiseks veidi. Peaksite saavutama kena lilla kuni valge gradiendi.
jj) Jahuta 20 minutit külmikus.

Hoidke iga võikreemi värvi eraldi torustikus ja libistage see suuremasse torukotti, mis on varustatud tähtotsikuga.

Toru lilled üle kogu tordi. Pealt katsin lilledega ja siis libistasin juhuslikult külgedele lilli.

Jahuta paar minutit ja naudi!

51.Kookose šifooni kook

KOOSTISOSAD:
- 6 suurt muna, eraldatud
- 1 tass granuleeritud suhkrut
- 1/4 tassi taimeõli
- 1/2 tassi kookospiima
- 1 tl vaniljeekstrakti
- 1 1/4 tassi koogijahu
- 1 tl küpsetuspulbrit
- 1/4 teelusikatäit soola
- 1 tass hakitud kookospähkel (magustatud või magustamata)

JUHISED:
a) Kuumuta ahi temperatuurini 325 ° F (160 ° C). Määri ja jahuga šifoonist koogivorm.
b) Vahusta suures segamiskausis munakollased suhkruga kahvatuks ja kreemjaks vahuks. Lisage taimeõli, kookospiim ja vaniljeekstrakt. Sega hästi.
c) Sõelu kokku koogijahu, küpsetuspulber ja sool. Lisa munakollasesegule vähehaaval kuivained, sega ühtlaseks massiks.
d) Sega hulka hakitud kookospähkel, kuni see on ühtlaselt jaotunud.
e) Vahusta eraldi puhtas kausis munavalged vahuks. Lisa vähehaaval suhkur ja jätka vahustamist, kuni moodustuvad jäigad tipud.
f) Klopi lahtiklopitud munavalged õrnalt taignasse, kuni see on täielikult segunenud.
g) Vala tainas ettevalmistatud šifoonist koogivormi ja silu pealt.
h) Küpseta eelkuumutatud ahjus 40–45 minutit või kuni keskele torgatud hambaork tuleb puhtana välja.
i) Pärast küpsetamist eemaldage vorm ahjust ja keerake vorm koheselt restile, et see täielikult jahtuda.
j) Pärast jahtumist eemalda kook ettevaatlikult vormist ja serveeri röstitud kookoshelvestega või kookosglasuuriga kaunistatud viilud.

52.Pistaatsia šifooni kook

KOOSTISOSAD:
- 6 suurt muna, eraldatud
- 1 tass granuleeritud suhkrut, jagatud
- 1/4 tassi taimeõli
- 1/4 tassi piima
- 1 tl vaniljeekstrakti
- 1 tass peeneks jahvatatud pistaatsiapähklid
- 1 tass koogijahu
- 1 tl küpsetuspulbrit
- 1/4 teelusikatäit soola
- Roheline toiduvärv (valikuline)

JUHISED:
a) Kuumuta ahi temperatuurini 325 ° F (160 ° C). Määri ja jahuga šifoonist koogivorm.
b) Vahusta suures segamiskausis munakollased 1/2 tassi suhkruga kahvatuks ja kreemjaks. Lisa taimeõli, piim ja vaniljeekstrakt. Sega hästi.
c) Sega hulka peeneks jahvatatud pistaatsiapähklid.
d) Sõelu kokku koogijahu, küpsetuspulber ja sool. Lisa munakollasesegule vähehaaval kuivained, sega ühtlaseks massiks. Erksa värvi saamiseks lisage soovi korral rohelist toiduvärvi.
e) Vahusta eraldi puhtas kausis munavalged vahuks. Lisage järk-järgult ülejäänud 1/2 tassi suhkrut ja jätkake peksmist, kuni moodustuvad jäigad tipud.
f) Klopi lahtiklopitud munavalged õrnalt taignasse, kuni see on täielikult segunenud.
g) Vala tainas ettevalmistatud šifoonist koogivormi ja silu pealt.
h) Küpseta eelkuumutatud ahjus 40–45 minutit või kuni keskele torgatud hambaork tuleb puhtana välja.
i) Pärast küpsetamist eemaldage vorm ahjust ja keerake vorm koheselt restile, et see täielikult jahtuda.
j) Pärast jahtumist eemaldage kook ettevaatlikult vormist ja serveerige tuhksuhkruga üle puistatud või hakitud pistaatsiapähklitega kaunistatud viilud.

KÜLMUTATUD SIFOONID

53. Kirsi šifooni kohev

KOOSTISOSAD:
- 21 untsi kirsipiruka täidis; tavaline või kerge
- 14 untsi magustatud kondenspiim; või 8 untsi tavalist jogurtit
- 8 untsi Cool Whip; tavaline või lite
- 14 untsi tükk ananassi; kuivendatud
- 1 tass miniatuurseid vahukomme

JUHISED:
a) Sega suures kausis kirsipirukatäidis, magustatud kondenspiim (või tavaline jogurt) , Cool Whip, nõrutatud ananass ja miniatuursed vahukommid.
b) Segage koostisained õrnalt kokku, kuni need on hästi segunenud.
c) Tõsta segu lusikaga serveerimisnõusse.
d) Enne serveerimist jahutage magustoit.

54.Šifoonist jääkasti kook

KOOSTISOSAD:
- 2 pakki (4 portsjonit) VÕI 1 pakk (8 portsjonit) želatiini (mustva vaarika, apelsini või musta kirsi maitsega)
- 2 tassi keeva vett
- 1 liitrit vaniljejäätist
- 12 Ladyfingers, lõhestatud
- Vahustatud kate, värsked puuviljad ja piparmündilehed (soovi korral kaunistamiseks)

JUHISED:
a) Lahustage želatiin täielikult keevas vees.
b) Lisa želatiinile lusikate kaupa vaniljejäätis, sega, kuni see on täielikult sulanud.
c) Jahutage segu, kuni see pakseneb, kuid on endiselt lusikaga (mitte täielikult tardunud).
d) Vahepeal lõigake sõrmedest umbes 1 toll maha ja asetage lõigatud otsad 8-tollise vedruvormi külje ümber. Veenduge, et sõrmede ümarad küljed oleksid panni välisküljepoole.
e) Tõsta lusikaga pannile paksenenud želatiinisegu.
f) Jahuta magustoit tahkeks, umbes 3 tundi.
g) Eemaldage vedruvormi külg.
h) Kaunista soovi korral vahustatud katte, värskete puuviljade ja piparmündilehtedega.

55. Laimi šifooni jäätis

KOOSTISOSAD:
- ½ tassi värskelt pressitud ja kurnatud laimimahla (umbes 4 laimist)
- 1 tass suhkrut
- 16 untsi hapukoort
- 1-2 tilka valikulist toiduvärvi

VALIKULINE GARNIS:
- Laimi koor

JUHISED:
a) laimimahla ja suhkru segamisest, kuni suhkur on täielikult lahustunud.
b) Lisa hapukoor ja valikuline toiduvärv laimi ja suhkru segusse. Vahusta või sega hoolikalt, kuni saadakse ühtlane ja hästi segunev segu . Alternatiivina saab seda teha mugavuse huvides köögikombaini abil.
c) Segu töötlemisel järgige jäätisemasina juhiseid. Pärast töötlemist viige pehme jäätis pannile, katke see ja laske külmuda, kuni see saavutab kindla konsistentsi.
d) Serveerimiseks kaunista laimi-šifoonijäätis valikulise laimikoorega, et saada lisamaitset.

56.Laim šifoon Semifreddo

KOOSTISOSAD:
- 4 suurt munavalget
- 1 kl tuhksuhkrut, sõelutud
- 1 ½ tassi vahukoort
- ½ tassi hapukoort
- 2 spl värsket laimimahla
- 2 tl peeneks riivitud laimikoort

JUHISED:
a) Vooderdage kaheksa 5-untsist ramekiini täielikult kilega, tagades, et ümbris ripub külgede kohal. Aseta ramekinid alusele ja külmuta.
b) Vahusta munavalged vahuks. Lisa ¼ tassi tuhksuhkrut ja jätka vahustamist, kuni valged hoiavad kõvad piigid.
c) Teises kausis vahusta koor pehmeks vahuks. Vähendage kiirust ja lisage ülejäänud ¾ tassi tuhksuhkrut, hapukoort, laimimahla ja laimikoort.
d) Lisa suur lusikatäis kooresegu vahustatud munavalgetele ja sega ettevaatlikult sisse. Sega valged kahes koguses koore hulka.
e) Valage segu ettevalmistatud ramekiinidesse, katke kaanega ja külmutage vähemalt neljaks tunniks.
f) Serveerimiseks keerake semifreddos taldrikule ja eemaldage kile.

57. Sidrunišifooni sorbett

KOOSTISOSAD:
- 1 tass värsket sidrunimahla
- 1 spl sidrunikoort
- 1 tass granuleeritud suhkrut
- 1/2 tassi vett
- 1 tass rasket koort
- 3 suurt munavalget
- Näputäis soola

JUHISED:
a) Sega kastrulis suhkur, vesi, sidrunimahl ja sidrunikoor. Kuumuta keskmisel kuumusel, segades, kuni suhkur on täielikult lahustunud. Eemaldage kuumusest ja laske jahtuda.
b) Vahusta vahukoor segamisnõus, kuni moodustuvad tugevad piigid. Kõrvale panema.
c) Vahusta teises puhtas segamiskausis munavalged näpuotsatäie soolaga, kuni moodustuvad tugevad piigid.
d) Sega vahukoor õrnalt sidrunisegu hulka, kuni see on hästi segunenud.
e) Seejärel sega juurde vahustatud munavalged, kuni triipe ei jää.
f) Valage segu sügavkülmakindlasse anumasse, katke kinni ja külmutage vähemalt 6 tundi või kuni see on tahke.
g) Serveeri sidrunišifooni sorbetti kaussidesse või torbikutesse kühveldatult, soovi korral kaunistades seda värskete sidruniviilude või piparmündilehtedega.

58.Vaarika šifooni külmutatud jogurt

KOOSTISOSAD:
- 2 tassi värskeid või külmutatud vaarikaid
- 1/2 tassi granuleeritud suhkrut
- 2 tassi kreeka jogurtit
- 1 tass rasket koort
- 3 suurt munavalget
- Näputäis soola

JUHISED:
a) Püreesta blenderis või köögikombainis vaarikad ühtlaseks massiks. Kurna püree läbi peene sõela, et eemaldada seemned.
b) Sega kausis vaarikapüree ja suhkur, kuni suhkur on lahustunud.
c) Teises segamiskausis vahusta koor, kuni moodustuvad tugevad piigid. Kõrvale panema.
d) Vahusta munavalged puhtas segamisnõus näpuotsatäie soolaga, kuni moodustuvad tugevad piigid.
e) Voldi kreeka jogurt õrnalt vaarikasegu hulka, kuni see on hästi segunenud.
f) Seejärel sega sisse vahukoor, kuni triipe ei jää.
g) Lõpuks sega ühtlaseks jaotumiseks sisse vahustatud munavalged.
h) Valage segu sügavkülmakindlasse anumasse, katke kinni ja külmutage vähemalt 6 tundi või kuni see on tahke.
i) Serveeri vaarika-šifoonist külmutatud jogurtit kaussidesse või torbikutesse kühveldatult, kaunistades soovi korral värskete vaarikate või tilgakese vaarikakastmega.

59.Mango šifoonist popsiklid

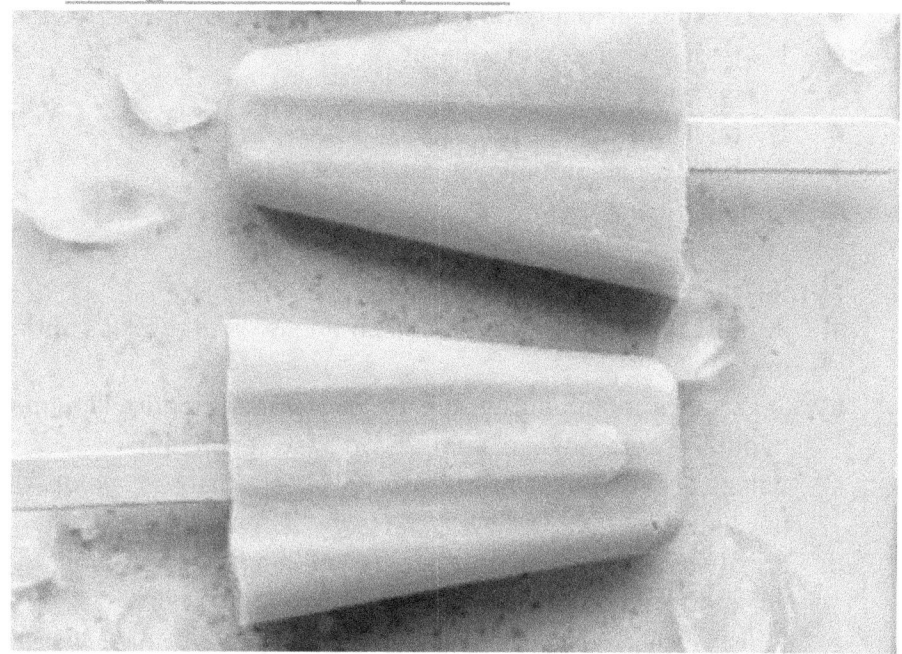

KOOSTISOSAD:
- 2 tassi küpseid mangotükke
- 1/2 tassi granuleeritud suhkrut
- 1 tass rasket koort
- 1/2 tassi kreeka jogurtit
- 2 spl värsket laimimahla
- Näputäis soola

JUHISED:
a) Püreesta blenderis või köögikombainis mangotükid ühtlaseks massiks.
b) Sega kausis mangopüree, suhkur, koor, kreeka jogurt, laimimahl ja näputäis soola. Segage, kuni see on hästi segunenud.
c) Valage segu popsivormidesse , jättes ülaosas veidi ruumi paisumiseks.
d) Sisestage popsipulgad vormidesse ja külmutage vähemalt 4 tundi või kuni need on täielikult tahked.
e) Popsikapslite vormist vabastamiseks laske vormide välisküljel korraks sooja veega üle, et need lahti saada.
f) Serveeri mango šifoonist popsipulki kohe ja naudi värskendavat troopilist maitset!

60.Maasika šifoonist jääkarbipirukas

KOOSTISOSAD:
- 1 eelvalmistatud Grahami kreekerikoor (või soovi korral omatehtud)
- 2 tassi värskeid maasikaid, kooritud ja viilutatud
- 1/4 tassi granuleeritud suhkrut
- 1 spl sidrunimahla
- 1 tass rasket koort
- 1/2 tassi tuhksuhkrut
- 1 tl vaniljeekstrakti

JUHISED:
a) Segage segamisnõus viilutatud maasikad, granuleeritud suhkur ja sidrunimahl. Laske neil umbes 10 minutit seista, et mahl eralduks.
b) Vahusta eraldi segamiskausis koor tuhksuhkru ja vaniljeekstraktiga, kuni moodustuvad tugevad piigid.
c) Sega maasikasegu õrnalt vahukoore hulka, kuni see on ühtlaselt jaotunud.
d) Valage segu ettevalmistatud Grahami kreekerikoore sisse, jaotage see ühtlaselt laiali.
e) Kata pirukas kilega ja pane sügavkülma vähemalt 4 tunniks või kuni see on tahke.
f) Enne serveerimist lase pirukal mõni minut toatemperatuuril seista, et see veidi pehmeneks.
g) Viiluta ja serveeri maasika-šifoonist jääkarbipirukas jahtunult, soovi korral kaunistatud täiendavate viilutatud maasikatega.

61. Mustika šifooni külmutatud vanillikaste

KOOSTISOSAD:
- 2 tassi värskeid või külmutatud mustikaid
- 1/2 tassi granuleeritud suhkrut
- 1 tass rasket koort
- 1 tass täispiima
- 4 suurt munakollast
- 1 tl vaniljeekstrakti
- Näputäis soola

JUHISED:
a) Sega potis mustikad ja suhkur. Küpseta keskmisel kuumusel, kuni mustikad lagunevad ja vabastavad mahla, umbes 5-7 minutit. Eemaldage kuumusest ja laske veidi jahtuda.
b) Kuumutage koor ja piim eraldi kastrulis aurutamiseni, kuid mitte keemiseni.
c) Vahusta segamisnõus munakollased ühtlaseks vahuks. Vala kuum kooresegu aeglaselt munakollaste hulka, pidevalt vahustades munade tempereerimiseks.
d) Vala segu tagasi kastrulisse ja keeda tasasel tulel pidevalt segades, kuni vanillikaste on piisavalt paksenenud, et katta lusika seljaosa.
e) Tõsta tulelt ja kurna vanillikaste läbi peene sõela puhtasse kaussi. Sega juurde vaniljeekstrakt ja näpuotsaga soola.
f) Laske vanillikreemil veidi jahtuda, seejärel segage keedetud mustikasegu ühtlaseks jaotumiseks.
g) Vala segu jäätisemasinasse ja klopi vastavalt tootja juhistele paksuks ja kreemjaks.
h) Viige külmutatud vanillikaste sügavkülmakindlasse anumasse, katke kinni ja külmutage vähemalt 4 tundi või kuni see on tahke.
i) Serveeri mustika-šifoonist külmutatud vanillikaste kaussidesse või koonustesse ja naudi kreemjat ja puuviljast maiust!

62.Kookose šifoonist jäätisevõileivad

KOOSTISOSAD:
- 1 partii kookosesifonikooki (kasutage mis tahes šifoonikoogi retsepti, asendades tavalise piimaga kookospiima ja lisades hakitud kookospähkli)
- 2 tassi vaniljejäätist, pehmendatud
- Hakitud kookospähkel, röstitud (valikuline, kaunistamiseks)

JUHISED:
a) Valmista kookose šifoonikook vastavalt valitud retseptile. Lase täielikult jahtuda.
b) Kui kook on jahtunud, lõika ümmarguse küpsisevormi abil koogist ringid välja.
c) Aseta ühe koogiringi alumisele küljele kulbikas pehmendatud vaniljejäätist. Võileiva moodustamiseks tõsta peale teine tordiring.
d) Veereta jäätisevõileiva servi soovi korral röstitud kookospähklis.
e) Korrake sama ülejäänud koogiringide ja jäätisega.
f) Aseta kokkupandud jäätisevõileivad küpsetuspaberiga kaetud ahjuplaadile ja pane sügavkülma vähemalt 2 tunniks või kuni need on tahked.
g) Serveeri kookosesifonist jäätisevõileibu jahutatult ning naudi koheva koogi ja kreemja jäätise mõnusat kombinatsiooni!

63.Virsiku šifoonist popsikesed

KOOSTISOSAD:
- 2 tassi küpseid virsikuid, kooritud ja tükeldatud
- 1/4 tassi granuleeritud suhkrut
- 1 tass kreeka jogurtit
- 1/2 tassi rasket koort
- 1 spl sidrunimahla

JUHISED:
a) Püreesta blenderis või köögikombainis kuubikuteks lõigatud virsikud ühtlaseks massiks.
b) Sega kausis virsikupüree, suhkur, kreeka jogurt, koor ja sidrunimahl. Segage, kuni see on hästi segunenud.
c) Valage segu popsivormidesse , jättes ülaosas veidi ruumi paisumiseks.
d) Sisestage popsipulgad vormidesse ja külmutage vähemalt 4 tundi või kuni need on täielikult tahked.
e) Popsikapslite vormist vabastamiseks laske vormide väisküljel korraks sooja veega üle, et need lahti saada.
f) Serveerige virsiku šifoonist popsikesed kohe ja nautige värskendavat puuviljamaitset!

TARTS

64. Laimi šifooni tart

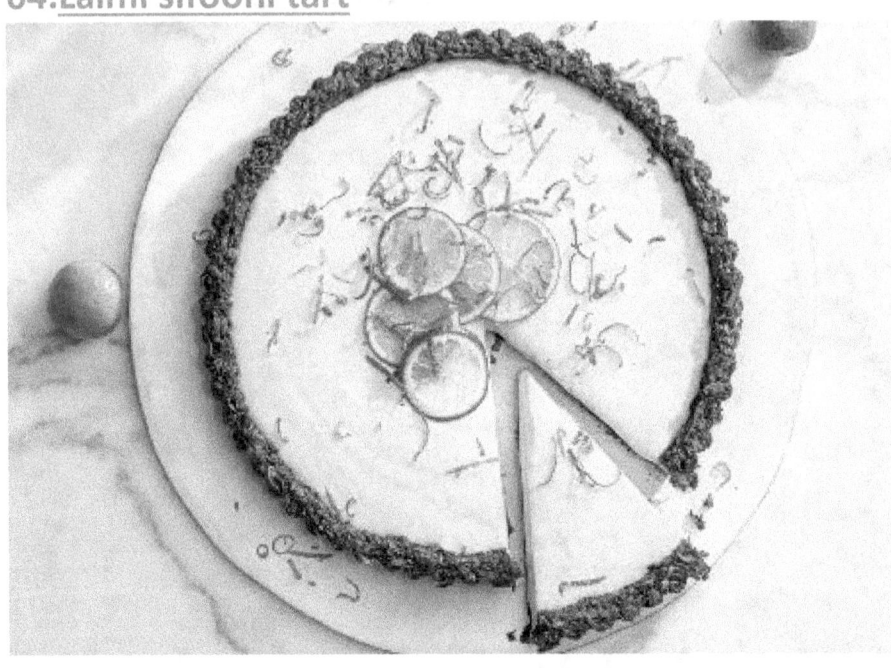

KOOSTISOSAD:
- 1 tass universaalset jahu
- 1 spl riivitud laimikoort
- ¼ teelusikatäit soola
- 5 supilusikatäit soolata võid
- 1½ supilusikatäit maitsestamata želatiini
- 2 spl külma vett
- ½ tassi pluss 1 spl suhkrut
- ¼ tassi värsket laimimahla
- 2 suurt muna, eraldatud, toatemperatuur
- 2 spl riivitud laimikoort
- 3 supilusikatäit Suhkur
- 1 supilusikatäis jäävett
- 1 munakollane
- 1 pint korv värskeid mustikaid
- ½ tassi Jahutatud vahukoort, vahustatud tippudeks
- Täiendavad värsked mustikad
- Laimikoore julienne

JUHISED:
KOORIK:
a) Sega suures kausis jahu, laimikoor ja sool. Lisa või ja tükelda, kuni segu meenutab jämedat jahu.
b) Segage suhkrut, vett ja munakollast väikeses tassis, kuni suhkur lahustub. Lisa jahusegule ja sega, kuni tainas hakkab kokku tulema.
c) Keera tainas kergelt jahusel pinnal. Koguge palliks; lapik kettaks. Mässi kilesse ja pane vähemalt 1 tunniks külmkappi. (Võib valmistada 1 päev ette.)
d) Kuumuta ahi 400 °F-ni. Rulli tainas kergelt jahusel pinnal ⅛ tolli paksuseks. Tõsta tainas 9-tollise läbimõõduga eemaldatava põhjaga koogipannile. Kärbi servad, jättes ¼-tollise üleulatuse. Vajutage üleulatus ¼ tolli panni servast kõrgemale.
e) Vooderda tort fooliumiga. Täida kuivatatud ubade või pirukaraskustega. Küpseta 10 minutit. Eemalda kuivatatud oad ja foolium ning küpseta, kuni koorik on kuldpruun, umbes 20 minutit. Lahe.

TÄITMINE:

f) Piserdage želatiin väikeses kausis külma veega. Laske 15 minutit seista, et see pehmeneks.
g) Aseta kauss keeva veega kastrulisse ja sega, kuni želatiin lahustub. Eemalda veest.
h) Segage ½ tassi suhkrut, laimimahla, munakollasi ja 2 supilusikatäit laimikoort topeltboileri ülaosas keeva vee kohal, kuni see on puudutamisel kuum, umbes 3 minutit; ära keeda.
i) Lisa želatiinisegu ja sega ühtlaseks. Tõsta kaussi.
j) Asetage kauss jää ja veega täidetud suurema kausi peale ning segage, kuni segu pakseneb ja hakkab lusikale kuhjuma, umbes 5 minutit.
k) Eemalda vee kohalt. Vahusta valged keskmises kausis elektrimikseri abil, kuni need hakkavad just tippuma. Lisa vähehaaval ülejäänud 1 spl suhkrut ja klopi pehmeks vahuks. Sega valged laimi segusse.
l) Puista koogipõhjale 1 pint marju. Tõsta täidis lusikaga kohe marjadele, kattes need täielikult. Jahutage, kuni see on hangunud, vähemalt 3 ja kuni 8 tundi.
m) Tõsta vahukoor lusikaga keskmise täheotsaga kondiitrikotti. Toru kreem dekoratiivselt ümber torti serva.
n) Kaunista tort täiendavate marjade ja laimikoore julienne'iga.

65.Banaani šifooni tort

KOOSTISOSAD:

ALUSELE:
- 3 untsi võid
- 6 untsi ingveriküpsiseid, purustatud

TÄIDISE JA KAITSEKS:
- Riivitud koor ja 1 sidruni mahl
- 2 tl želatiini
- 3 banaani, purustatud
- 12 untsi vahukoort
- 2 untsi riitsinusuhkrut

JUHISED:

a) Kuumuta ahi temperatuurini 190 C/375 F/gaas 5 . Sulata või kastrulis madalal kuumusel. Eemaldage tulelt ja segage küpsisepuru, kuni see on hästi segunenud.

b) Suru biskviidisegu 23 cm (9-tollise) pirukavormi põhjale ja külgedele. Küpseta 8 minutit, seejärel lase täielikult jahtuda.

c) Sega väikeses kastrulis sidrunimahl 1 spl külma veega. Puista segule želatiin ja lase imenduda. Kuumutage õrnalt, kuni see on selge, seejärel eemaldage kuumusest.

d) Sega püreestatud banaanid ja sidrunikoor. Lisa želatiinisegu ja sega hoolikalt.

e) Vahusta 7 untsi koort, kuni moodustuvad pehmed tipud. Lisa järk-järgult tuhksuhkur, kuni see on täielikult segunenud.

f) Voldi kooresegu banaanisegu hulka ja vala biskviitpõhjale. Jahuta 30 minutit või kuni taheneb.

g) Kaunistamiseks vahusta ülejäänud rõõsk koor, kuni moodustuvad pehmed tipud, ja määri see torti peale.

66.Kõrvitsa Sifonki tort

KOOSTISOSAD:
TART-KESTI KOHTA:
- 1 eelküpsetatud 9-tolline tortikarp (vaadake meie magusa taigna retsepti)

KÕRVITSA SIFONI TÄIDISEKS:
- 300 grammi kõrvitsapüree (ärge kasutage kõrvitsapirukatäidist) (1 ¼ tassi)
- 150 grammi helepruuni suhkrut (¾ tassi)
- 4 suurt munakollast (valge säilita hilisemaks)
- 4 vedelat untsi täispiima (½ tassi)
- ½ teelusikatäit soola
- 1 tl jahvatatud kaneeli
- ¼ teelusikatäit jahvatatud ingverit
- ¼ teelusikatäit jahvatatud muskaatpähkel
- 1 spl pulbristatud želatiini
- 3 spl külma vett (želatiini lahustamiseks)
- 4 suurt munavalget (soovitavalt toatemperatuuril)
- 100 grammi granuleeritud suhkrut (½ tassi)

JUHISED:
a) Puista pulbristatud želatiin üle külma veega ja tõsta kõrvale, et želatiin hanguks.
b) Sega kuumakindlas kausis kõrvitsapüree, pruun suhkur, piim, munakollased, sool, kaneel, ingver ja muskaatpähkel. Vahusta hästi, et segada.
c) Seadke pott vett madalal kuumusel aurutama. Asetage kauss auruvanni peale, tagades, et kausi põhi ei puutuks veega ja vesi ei keeks. Segage kõrvitsa segu aeg-ajalt ja kuumutage, kuni see jõuab 160 ° F kuni 180 ° F.
d) Lisa kaussi tardunud želatiin ja vahusta, kuni želatiin on täielikult sulanud. Tõsta kauss tulelt ja tõsta kõrvale veidi jahtuma.
e) Asetage munavalged puhtasse kaussi ja alustage segamist saumikseriga või vispliga. Sega keskmisel kiirusel, kuni munavalged muutuvad vahuseks. Valage aeglaselt sisse granuleeritud suhkur, jätkates samal ajal segamist, kuni munavalge saavutab keskmise tipu.
f) Sega munavalged õrnalt jahtunud kõrvitsa segusse.
g) Vala kõrvitsa šifoon eelküpsetatud hapukoore sisse, silu pealt ära.
h) Aseta tort tarretuma (umbes 2 tundi) külmkappi.
i) Kaunista vastavalt soovile (nt vahukoor, tuhksuhkur vms). Nautige!

67. Passion Fruit Chiffon Tart

KOOSTISOSAD:

Tainas:
- 1 tass/140 g pleegitamata jahu
- 3 supilusikatäit suhkrut
- ¼ tl peent meresoola
- 6 supilusikatäit/85 g külma soolamata võid, lõigatud ½-tollisteks/12-mm kuubikuteks
- 1 suur munakollane

TÄITMINE:
- ½ tassi/120 ml sulatatud külmutatud passionivilja (maracuya või parcha) püreed
- 2 tl maitsestamata želatiini
- 2 suurt muna, eraldatud, toatemperatuuril
- ⅓ tassi/65 g suhkrut
- ½ tassi/120 ml koort

KASTE:
- ⅔ tassi sulatatud külmutatud või värskete seemnetega passioniviljapüreed
- 3 spl suhkrut või rohkem maitse järgi
- 1 tl maisitärklist
- 1 spl passioniviljalikööri või merevaigu rummi
- 1 retsept Vahukoor

JUHISED:

a) Kuumuta ahi temperatuurini 375ºF/190ºC ja aseta keskele rest.

KOORIK:

b) Puista jahu, suhkur ja sool köögikombainis või sega kausis. Lisa külm või ja kaunvilja, kuni see meenutab jämedat jahu.

c) Lisa munakollane ja puljong või sega, kuni tainas on kokku kleepunud. Suru tainas 23-sentimeetrisesse eemaldatava põhjaga koogivormi, tagades ühtlase paksuse. Torka tainas kahvliga läbi. Pane 15 minutiks sügavkülma.

d) Vooderda tainas alumiiniumfooliumiga, täitke pirukaraskuste või kuivatatud ubadega ja küpseta, kuni see on hangunud ja hakkab pruunistuma (umbes 15 minutit). Eemaldage foolium ja raskused, seejärel jätkake küpsetamist, kuni see on kergelt pruunistunud (lisaks 15 minutit). Lase koorel restil täielikult jahtuda.

TÄITMINE:

e) Sega väikeses kastrulis passioniviljapüree ja puista peale želatiin. Lase seista, kuni želatiin pehmeneb (umbes 5 minutit). Keeda madalal kuumusel pidevalt segades, kuni see on kuum, kuid mitte keema ja želatiin on lahustunud . Eemaldage kuumusest.

f) Vahusta munakollased ja suhkur kahvatukollaseks ja paksuks vahuks. Sega juurde kuum želatiinisegu. Jahuta jäävees, kuni see on veidi paksenenud (umbes 5 minutit). Eemaldage jääveest.

g) Vahusta munavalgeid, kuni moodustuvad pehmed piigid. Sega õrnalt passionivilja seguga. Vahusta koor kuni tugevate piikide moodustumiseni, seejärel sega passionivilja segusse. Määri täidis jahtunud hapukoore sisse. Hoia külmikus, kuni see taheneb (vähemalt 2 tundi või kuni 24 tundi).

KASTE:

h) Hauta kastrulis passioniviljapüree ja suhkur. Maitsta magusust. Lahusta maisitärklis likööris ja sega püree hulka. Hauta kuni paksenemiseni. Jahutage ja jahutage külmkapis (vähemalt 2 tundi või kuni 1 päev).

i) Tõsta vahukoor kondiitrikotti, millel on ½-tolline/12-mm kurviline kondiitriotsik. Toru kreem ümber hapukate servade. Eemalda hapuvormi küljed, viiluta ja serveeri koos kastmega. Nautige!

68. Šifoonist maguskartulitordid

KOOSTISOSAD:
KOORIKU KOHTA:
- 8 untsi universaalset jahu
- 2 untsi tuhksuhkrut/kondiitri suhkrut
- Näputäis soola
- 4 untsi jahutatud võid, lõigatud ½ tolli kuubikuteks
- ½ untsi lühenemine
- 1 suur muna, kergelt lahti klopitud
- ¼ tl vaniljeekstrakti

TÄIDISEKS:
- 1 ümbrik või 1 spl želatiini
- ½ tassi pruuni suhkrut
- ½ tl soola
- ½ tl kaneeli
- ½ tl muskaatpähklit
- ½ tl ingverit
- 1 ¼ tassi maguskartulipüreed, mikrolaineahjus
- 3 munakollast
- ½ tassi piima

JUHISED:
KOORIKU KOHTA:
a) Segage köögikombainis universaalne jahu, tuhksuhkur ja sool.
b) Lisage jahutatud kuubikuteks lõigatud või ja küpsetusõli. Pulseerige, kuni saavutate peene riivsaialaadse tekstuuri.
c) Sega vaniljeekstrakt lahtiklopitud munaga, seejärel lisa see jahusegule, kui töötleja töötab. Peatage kohe, kui tainas on moodustunud ; vältida ülesegamist.
d) Eemaldage tainas, mähkige see kilega ja jahutage vähemalt 30 minutit. Jagage väikesteks pallideks, mis sobivad hapuvormidega, seejärel suruge tainas tartlettide valmistamiseks vormidesse.
e) Dokkige tainas kahvliga. Kata tartletid alumiiniumfooliumiga ja kaalu need pirukaraskuste või ubadega. Küpseta eelkuumutatud ahjus 375 ° F juures 10 minutit.
f) Eemaldage ahjust, võtke raskused ja foolium välja ning pange tartletid tagasi, et pruunistuda veel 5–8 minutit.

TÄIDISEKS:
g) Õitsesta želatiin 2 spl veega.
h) Kuumuta piima ja suhkrut, kuni suhkur on lahustunud . Eemaldage tulelt ja lisage hästi segades munakollased.
i) Lisa želatiin ja küpseta, kuni see on lahustunud ja tainas pakseneb. Lülitage kuumus välja ja lisage kartulipüree.
j) Pane täidis suure täheotsaga torukotti ja toruga küpsetatud tartlettidele.
k) Puista peale purustatud viilutatud mandleid.
l) Nautige neid veetlevaid šifoonist maguskartuli torte koos nende täiusliku seguga helbelisest koorikust ja vürtsikas bataaditäidisest!

69. Aprikoosi šifooni tart

KOOSTISOSAD:
KOORIKU KOHTA:
- 5 untsi puruküpsised, purustatud (nt Walkers)
- ⅔ tassi terveid tooreid mandleid
- ¼ tassi suhkrut
- ½ tl jämedat soola
- 4 spl soolata võid, sulatatud

TÄIDISEKS:
- 1 ¾ naela värskeid aprikoose (umbes 10), kivideta ja neljandikku
- ¾ tassi vett pluss ⅓ tassi külma vett
- 1 ½ tassi suhkrut
- ½ tl jämedat soola
- 2 ümbrikku (4 ½ nappi teelusikatäit) maitsestamata pulbrilist želatiini
- 5 suurt muna, eraldatud
- Toored mandlid, hakitud, kaunistuseks

JUHISED:
KOORIKU KOHTA:
a) Kuumuta ahi temperatuurini 350 ° F.
b) Lülitage küpsised köögikombainis, kuni moodustub puru (umbes 1 tass).
c) Lisage töötlejale mandlid, suhkur ja sool; töötle, kuni mandlid on peeneks jahvatatud.
d) Lisa sulatatud või ja töötle täpselt seni, kuni segu jääb kokku.
e) Suru segu ühtlaselt eemaldatava põhjaga 9-tollise kurrulise koogipanni põhja ja külgedele.
f) Külmkapis, kuni see on tahke, umbes 15 minutit.
g) Küpseta kuni kuldpruunini, 17 kuni 20 minutit.
h) Tõsta restile ja lase jahtuda.

TÄIDISEKS:
i) Kuumuta potis aprikoosid, ¾ tassi vett, ¾ tassi suhkrut ja sool keemiseni. Katke, vähendage kuumust ja hautage, kuni aprikoosid on väga pehmed, umbes 10 minutit. Eemaldage kuumusest ja laske 20 minutit jahtuda.

j) Püreesta aprikoosid ja vedelik blenderis. Kurna läbi peene sõela kaussi (püreed peaks olema 3 tassi, varu ½ tassi).
k) Piserdage väikeses kausis želatiin ülejäänud ⅓ tassi külma veega ja laske sellel seista, kuni see on pehmenenud, umbes 5 minutit.
l) Kuumuta 2 ½ tassi aprikoosipüreed keskmises kastrulis keskmisel kuumusel. Vahusta pehmendatud želatiin püreeks ja sega, kuni želatiin lahustub.
m) Valmistage ette jää-veevann. Vahusta keskmises kausis munakollased ja ½ tassi suhkrut. Klopi juurde üks kolmandik aprikoosi-želatiini segust, seejärel vala pannile tagasi.
n) Küpseta keskmisel-kõrgel kuumusel pidevalt segades kuni paksenemiseni, 2–3 minutit. Vala läbi sõela jääveevanni seatud kaussi. Vahusta, kuni see hakkab tarretuma, umbes 5 minutit.
o) Vahusta eraldi kausis munavalged, kuni moodustuvad pehmed piigid. Lisage järk-järgult ülejäänud ¼ tassi suhkrut ja vahustage, kuni moodustuvad jäigad tipud, umbes 2 minutit.
p) Klopi kolmandik valgetest aprikoosi-želatiini segusse. Vahusta ettevaatlikult ülejäänud valged.
q) Laske sellel segades jahtuda, kuni segu on 3–5 minutit piisavalt paks.
r) Tõsta lusikaga koorikusse (see kuhjub kõrgeks).
s) Tõsta pirukas 2 tunniks või kuni 1 päevaks külmkappi.
t) Enne serveerimist nirista peale ½ tassi varutud aprikoosipüreed ja puista peale hakitud pähkleid.

70.Vaarika šifooni tort

KOOSTISOSAD:
- 1 eelnevalt valmistatud hapukoor (poest ostetud või omatehtud)
- 2 tassi värskeid vaarikaid
- 1/4 tassi granuleeritud suhkrut
- 1 spl sidrunimahla
- 1 ümbrik maitsestamata želatiin
- 1/4 tassi külma vett
- 1 tass rasket koort
- 1/4 tassi tuhksuhkrut
- Värsked vaarikad, kaunistuseks

JUHISED:
a) Valmista hapukoor vastavalt pakendi juhistele või valitud retseptile. Lase täielikult jahtuda.
b) Sega kastrulis värsked vaarikad, granuleeritud suhkur ja sidrunimahl. Küpseta keskmisel kuumusel, kuni vaarikad lagunevad ja vabastavad mahla, umbes 5-7 minutit. Eemaldage kuumusest ja laske veidi jahtuda.
c) Piserdage väikeses kausis želatiin külma veega ja laske sellel umbes 5 minutit seista, et see pehmeneks.
d) Kui vaarikasegu on veidi jahtunud, kurna see läbi peene sõela, et eemaldada seemned, vajutades võimalikult palju vedelikku välja.
e) Kalla kurnatud vaarikavedelik kastrulisse tagasi. Kuumuta tasasel tulel soojaks, kuid mitte keemiseni. Lisage pehmendatud želatiin ja segage, kuni see on täielikult lahustunud. Eemaldage kuumusest ja laske sellel jahtuda toatemperatuurini.
f) Vahusta vahukoor segamisnõus tuhksuhkruga, kuni moodustuvad tugevad piigid.
g) Sega jahtunud vaarikasegu õrnalt vahukoore hulka, kuni see on hästi segunenud.
h) Vala vaarika šifoonitäidis jahtunud hapukoore sisse, aja see ühtlaselt laiali.
i) Tõsta tort külmkappi vähemalt 4 tunniks või kuni taheneb.
j) Enne serveerimist kaunista tort värskete vaarikatega. Tükelda ja serveeri jahtunult.

71. Kookose šifooni tort

KOOSTISOSAD:

- 1 eelnevalt valmistatud hapukoor (poest ostetud või omatehtud)
- 1 tass magustatud hakitud kookospähklit, röstitud
- 1 tass kookospiima
- 1/2 tassi granuleeritud suhkrut
- 1 ümbrik maitsestamata želatiin
- 1/4 tassi külma vett
- 1 tass rasket koort
- 1/4 tassi tuhksuhkrut
- Röstitud kookoshelbed, kaunistuseks

JUHISED:

a) Valmista hapukoor vastavalt pakendi juhistele või valitud retseptile. Lase täielikult jahtuda.
b) Laota röstitud hakitud kookospähkel ühtlaselt jahtunud hapukoore põhjale.
c) Kuumuta potis kookospiima ja granuleeritud suhkrut keskmisel kuumusel, kuni suhkur on lahustunud ja segu soe, kuid mitte keema.
d) Piserdage väikeses kausis želatiin külma veega ja laske sellel umbes 5 minutit seista, et see pehmeneks.
e) Kui kookospiima segu on soe, lisage pehmendatud želatiin ja segage, kuni see on täielikult lahustunud. Eemaldage kuumusest ja laske sellel jahtuda toatemperatuurini.
f) Vahusta vahukoor segamisnõus tuhksuhkruga, kuni moodustuvad tugevad piigid.
g) Sega jahtunud kookospiimasegu õrnalt vahukoore hulka, kuni see on hästi segunenud.
h) Vala kookosešifoonitäidis jahtunud hapukoore sisse, aja see ühtlaselt laiali.
i) Tõsta tort külmkappi vähemalt 4 tunniks või kuni taheneb.
j) Enne serveerimist kaunista tort röstitud kookoshelvestega. Tükelda ja serveeri jahtunult.

72. Segamarjane šifooni tort

KOOSTISOSAD:
- 1 eelnevalt valmistatud hapukoor (poest ostetud või omatehtud)
- 2 tassi segatud värskeid marju (nagu maasikad, mustikad ja murakad)
- 1/4 tassi granuleeritud suhkrut
- 1 spl sidrunimahla
- 1 ümbrik maitsestamata želatiin
- 1/4 tassi külma vett
- 1 tass rasket koort
- 1/4 tassi tuhksuhkrut
- Värsked piparmündilehed, kaunistuseks

JUHISED:
a) Valmista hapukoor vastavalt pakendi juhistele või valitud retseptile. Lase täielikult jahtuda.
b) Sega potis omavahel segatud marjad, granuleeritud suhkur ja sidrunimahl. Küpseta keskmisel kuumusel, kuni marjad pehmenevad ja vabastavad mahla, umbes 5-7 minutit. Eemaldage kuumusest ja laske veidi jahtuda.
c) Piserdage väikeses kausis želatiin külma veega ja laske sellel umbes 5 minutit seista, et see pehmeneks.
d) Kui marjasegu on veidi jahtunud, kurna see läbi peene sõela, et eemaldada seemned.
e) Kalla kurnatud marjavedelik tagasi kastrulisse. Kuumuta tasasel tulel soojaks, kuid mitte keemiseni. Lisage pehmendatud želatiin ja segage, kuni see on täielikult lahustunud. Eemaldage kuumusest ja laske sellel jahtuda toatemperatuurini.
f) Vahusta vahukoor segamisnõus tuhksuhkruga, kuni moodustuvad tugevad piigid.
g) Sega jahtunud marjasegu õrnalt vahukoore hulka, kuni see on hästi segunenud.
h) Valage jahtunud hapukoore sisse segatud marjasifonitäidis, ajades ühtlaselt laiali.
i) Tõsta tort külmkappi vähemalt 4 tunniks või kuni taheneb.
j) Enne serveerimist kaunista tort värskete piparmündilehtedega. Tükelda ja serveeri jahtunult.

KIHILISED MAGUSTOOTED

73.Šokolaadist šifoonipotid

KOOSTISOSAD:

- 1½ tassi lõssi
- 2 ümbrikut maitsestamata želatiinist
- 3 supilusikatäit magustamata kakaod
- 2 supilusikatäit granuleeritud suhkrut
- Paar tera soola
- 2 tl vaniljeekstrakti
- 1 tass jääkuubikuid (6 kuni 8)
- 4 tl poolmagusaid šokolaadilaaste

JUHISED:

a) Valage piim keskmise suurusega kastrulisse. Lisa želatiin, kakao, suhkur ja sool. Segage mõõdukal kuumusel, kuni želatiin on täielikult lahustunud.

b) Eemaldage kastrul tulelt; lisa vanill ja sega kahvli või vispliga hoogsalt läbi, et koostisained hästi seguneksid.

c) Vala segu blenderisse. Lisa jääkuubikud, kata ja sega keskmisel kiirusel, kuni jääkuubikud lahustuvad.

d) Avage kaas, segage üks kord kummist spaatliga ja laske segul 2–3 minutit tarretuda.

e) Lusikaga šokolaadisifonisegu 4 magustoidunõusse või parfeeklaasi.

f) Lisa igale portsjonile 1 tl poolmagusat šokolaadilaaste.

g) Nautige oma veetlevaid ja jahutatud šokolaadisifoonpotte!

74. Sidruni šifooni puding

KOOSTISOSAD:
- 1 tass Suhkur
- 3 spl Võid
- 4 spl Jahu
- ¼ teelusikatäit soola
- ¼ tassi sidrunimahla
- ½ sidruni riivitud koorega
- 1 tass piima
- 3 muna, eraldatud

JUHISED:
a) Kombineeri suhkur, jahu, sool ja või.
b) Lisa sidrunimahl ja riivitud sidrunikoor, seejärel lisa lahtiklopitud munakollased. Vahusta, kuni koostisained on põhjalikult segunenud.
c) Lisa piim ja blenderda segu hulka.
d) Voldi hulka kõvaks vahustatud munavalged.
e) Vala segu võiga määritud ahjuvormi ja tõsta kuuma vee pannile.
f) Küpseta 350 ° F juures 45 minutit.
g) Serveeri soojalt.

75.Mango ja laimi šifooni pisiasi

KOOSTISOSAD:
- 4 munakollast
- 2 tl želatiinipulbrit
- 2 tl peeneks riivitud laimikoort
- ½ tassi laimimahla
- ⅔ tassi tuhksuhkrut
- 3 munavalget
- 2 keskmist mangot õhukesteks viiludeks
- ½ x 460 g ümmargune kahekordne täidiseta biskviidi, lõigatud 2 cm tükkideks (vt märkust)
- 300 ml paksendatud koort, vahustatud

JUHISED:
ETTEVALMISTA LEESI SIFOONISEGU
a) Sega munakollased, želatiin, laimikoor, ⅓ tassi laimimahl ja pool suhkrust keskmises kuumuskindlas kausis.
b) Asetage kauss keskmise keeva veega kastrulile.
c) Vahusta segu kuumusel 2–3 minutit või kuni see pakseneb.
d) Eemaldage kauss tulelt ja laske sellel jahtuda.

VALMISTA BESEKE
e) Vahusta elektrimikseri abil kausis munavalged, kuni moodustuvad pehmed piigid.
f) Lisage järk-järgult ülejäänud suhkur, segades pärast iga lisamist, kuni suhkur lahustub.
g) Voldi besee kahes osas laimisegu hulka.

KOKKUVÕTE PIISI
h) Blenderda või töötle ⅓ mangost ühtlaseks massiks. Hoia kuni vajaduseni külmkapis.
i) klaasist serveerimisnõu põhja.
j) Piserdage ülejäänud laimimahlaga.
k) Tõsta peale ülejäänud viilutatud mango.
l) Määri laimi šifoonisegu mango peale.
m) Hoia külmkapis 3 tundi või üleöö, kui aega lubab.
n) Tõsta trifle vahukoorega ja nirista peale mangopüree.
o) Serveeri ja naudi seda veetlevat mango- ja laimišifooni pisiasja.

76.Maasika šifooni juustukoogi parfeed

KOOSTISOSAD:
TÄIDISEKS:
- 1 ¼ teelusikatäit maitsestamata želatiini (pool pakki)
- ⅔ tassi ananassimahla
- 8 untsi pakk rasvavaba toorjuustu, pehmendatud toatemperatuurini VÕI 24 tundi kurnatud jogurt
- 42 grammi külmkuivatatud maasikaid (umbes 1 tass), jahvatatud pulbriks
- 4 supilusikatäit granuleeritud suhkrut
- 2 suurt muna, eraldatud
- ¼ teelusikatäit koššersoola

KOORIKU KOHTA:
- 20 Grahami kreekerit (5 lehte), töödeldud puruks
- 1 supilusikatäis pruuni suhkrut
- 1 supilusikatäis võid, sulatatud
- 2 näputäis koššersoola

JUHISED:
GRAHAMI KREEKERI KOORIKU KOHTA:
a) Sega kokku Grahami kreekeripuru, suhkur ja sulatatud või. Segage hästi ja hoidke õhukindlas anumas.
TÄIDISEKS:
b) Töötle külmkuivatatud maasikaid köögikombainis või blenderis, kuni need muutuvad peeneks pulbriks. Kõrvale panema.
c) Vahusta pehme toorjuust kausis, mis on varustatud labamikseriga. Lisa maasikapulber ja klopi suurel kiirusel kreemjaks ja ühtlaseks.
d) Sega väikeses kastrulis želatiin ja ananassimahl. Tõsta umbes 5 minutiks õitsema.
e) Vahusta eraldi kausis munavalged, kuni moodustuvad tugevad piigid. Kõrvale panema.
f) Segage madalal kuumusel želatiinisegu, kuni see on täielikult lahustunud. Eemaldage kuumusest.
g) Vahusta teises kausis munakollased ja suhkur, kuni munakollased muutuvad kahvatukollaseks.
h) Munakollase tempereerimiseks lisa vahustades vähehaaval väikesed kogused sooja želatiinisegu, et vältida vahustamist.

i) Sega tempereeritud munakollasesegu kastrulisse ülejäänud želatiiniseguga. Keeda keskmisel-madalal kuumusel pidevalt segades, kuni segu veidi pakseneb (umbes 3-5 minutit).
j) Väikesel kiirusel lisage toorjuustusegule järk-järgult umbes ⅓ želatiinisegust. Korrake, kuni kogu želatiin on segunenud. Eemaldage kauss segistist.
k) Vahusta kõva munavalge õrnalt, kuni need on täielikult segunenud.

PARFAITIDE KOOSTAMINE:

l) Lusikaga igasse serveerimistassi umbes ½ tassi šifoonitäidist.
m) Korrake protsessi ülejäänud parfeede jaoks.
n) Jahutage, kuni see on tahke, umbes 1 kuni 1 ½ tundi.
o) Enne serveerimist puista peale 1 supilusikatäis Graham Cracker Crusti ja kaunista kuubikuteks lõigatud värskete maasikatega.
p) kevade vastuvõtmiseks !

77.Šifoon Tiramisu

KOOSTISOSAD:
SIFOONITOOGI JAOKS:
- 1 tass koogijahu
- 1 tass granuleeritud suhkrut
- 1 tl küpsetuspulbrit
- ½ tl soola
- ¼ tassi taimeõli
- ¼ tassi vett
- 6 suurt muna, eraldatud
- 1 tl vaniljeekstrakti
- ¼ teelusikatäit hambakivi

TIRAMISU TÄIDISE KOHTA:
- 1 tass kanget keedetud kohvi, jahutatud
- ¼ tassi kohvilikööri (nt Kahlúa)
- 3 spl kakaopulbrit, jagatud
- 8 untsi mascarpone juustu, pehmendatud
- 1 tass rasket koort
- ½ tassi tuhksuhkrut
- 1 tl vaniljeekstrakti

KOOSTAMISEKS:
- Kakaopulber, tolmutamiseks
- Šokolaadilaastud või riivitud šokolaad

JUHISED:
SIFONIKOOK:
a) Kuumuta ahi temperatuurini 325 ° F (163 ° C). Määri ja jahuga 9-tolline ümmargune koogivorm.
b) Vahusta suures kausis koogijahu, suhkur, küpsetuspulber ja sool.
c) Vahusta eraldi kausis õli, vesi, munakollased ja vaniljeekstrakt.
d) Lisa märjad ained vähehaaval kuivainetele, sega ühtlaseks massiks.
e) Vahusta teises puhtas kuivas kausis munavalged ja hambakivi, kuni moodustuvad tugevad piigid.
f) Sega munavalgesegu ettevaatlikult taigna hulka, kuni see on hästi segunenud.
g) Vala tainas ettevalmistatud pannile ja silu pealt.

h) Küpseta 35–40 minutit või kuni keskele torgatud hambaork tuleb puhtana välja.
i) Enne vormist väljavõtmist lase koogil täielikult jahtuda.

TIRAMISU TÄIDIS:
j) Sega madalas tassis keedetud kohv ja kohviliköör. Kõrvale panema.
k) Sõelu väikesesse kaussi 2 supilusikatäit kakaopulbrit.
l) Vahusta segamisnõus mascarpone juust, tuhksuhkur ja vaniljeekstrakt ühtlaseks massiks.
m) Vahusta koor eraldi kausis, kuni moodustuvad tugevad piigid.
n) Sega vahukoor õrnalt mascarpone segusse, kuni see on hästi segunenud.

KOOSTAMINE:
o) Viiluta jahtunud šifoonikook horisontaalselt kaheks ühtlaseks kihiks.
p) Kastke iga koogikiht kohvisegusse, veendudes, et need on hästi läbi imbunud , kuid mitte läbimärjad.
q) Aseta üks leotatud koogikiht serveerimisnõu põhja.
r) Määri kiht mascarpone segu leotatud koogikihile.
s) Puista pool sõelutud kakaopulbrist mascarpone kihile.
t) Korrake protsessi teise koogikihi, mascarpone segu ja ülejäänud kakaopulbriga.
u) Lõpeta, puista pealt kakaopulbriga ja kaunista šokolaadilaastude või riivitud šokolaadiga.
v) Tõsta külmkappi vähemalt 4 tunniks või üleöö, et maitsed sulaksid.
w) Tükelda ja serveeri jahtunult.

78. Vaarika ja valge šokolaadi šifoonivaht

KOOSTISOSAD:
SIFOONITOOGI KIHTI KOHTA:
- 1 šifoonikoogi kiht (võite kasutada mis tahes šifoonikoogi retsepti)

VAARIKAVAHU KHI KOHTA:
- 2 tassi värskeid vaarikaid
- 1/4 tassi granuleeritud suhkrut
- 1 spl sidrunimahla
- 2 tl želatiinipulbrit
- 1/4 tassi külma vett
- 1 tass rasket koort

VALGE ŠOKOLAADIVAHU KIHTI JUURDE:
- 6 untsi valget šokolaadi, tükeldatud
- 1 1/2 tassi koort, jagatud
- 1 tl vaniljeekstrakti

JUHISED:
a) Valmista sifonki kiht vastavalt valitud retseptile ja lase täielikult jahtuda.
b) Vaarikavahukihi jaoks püreesta vaarikad blenderis või köögikombainis. Kurna püree läbi peene sõela, et eemaldada seemned.
c) Sega potis vaarikapüree, suhkur ja sidrunimahl. Keeda keskmisel kuumusel, kuni suhkur on lahustunud. Eemaldage kuumusest.
d) Piserdage väikeses kausis külma veega želatiin ja laske sellel 5 minutit õitseda. Küpsetage želatiinisegu mikrolaineahjus 10-15 sekundit, kuni see on lahustunud.
e) Sega lahustunud želatiin sooja vaarikasegu hulka, kuni see on hästi segunenud. Laske jahtuda toatemperatuurini.
f) Vahusta vahukoor segamisnõus, kuni moodustuvad tugevad piigid. Sega vahukoor õrnalt vaarikasegu hulka, kuni see on ühtlane ja hästi segunenud.
g) Laota vaarikavaht ühtlaselt serveerimisnõusse või eraldi klaasidesse šifoonikoogikihile. Tõsta valge šokolaadi vahukihi valmistamise ajaks külmkappi.
h) Valge šokolaadi vahukihi jaoks sulatage valge šokolaad koos 1/2 tassi paksu koorega kuumakindlas kausis, mis on asetatud keeva

vee poti kohale (topeltboiler). Sega ühtlaseks ja kreemjaks. Eemaldage kuumusest ja laske sellel jahtuda toatemperatuurini.

i) Vahusta teises segamiskausis ülejäänud 1 tass koort ja vaniljeekstrakti, kuni moodustuvad jäigad tipud.

j) Sega vahukoor ettevaatlikult jahtunud valge šokolaadi segusse ühtlaseks ja hästi segunevaks seguks.

k) Määri valge šokolaadi vaht ettevaatlikult vaarikavahukihile.

l) Aseta kihiline magustoit külmkappi vähemalt 4 tunniks või kuni taheneb.

m) Enne serveerimist kaunista soovi korral värskete vaarikate või valge šokolaadi laastudega. Nautige vaarika ja valge šokolaadi maitsvat kombinatsiooni!

79.Mustika ja sidruni šifooni parfee

KOOSTISOSAD:

SIFOONITOOGI KIHTI KOHTA:
- 1 šifoonikoogi kiht (võite kasutada mis tahes šifoonikoogi retsepti)

MUSTIKAKOMPOTIKHI KOHTA:
- 2 tassi värskeid või külmutatud mustikaid
- 1/4 tassi granuleeritud suhkrut
- 1 spl sidrunimahla
- 1 tl maisitärklist
- 2 spl külma vett

SIDRUNIVAHU KHI KOHTA:
- 1 tass rasket koort
- 1/4 tassi tuhksuhkrut
- 1 sidruni koor
- 2 spl sidrunimahla
- 1 tl želatiinipulbrit
- 2 spl külma vett

JUHISED:
a) Valmista sifonki kiht vastavalt valitud retseptile ja lase täielikult jahtuda.
b) Mustikakompotikihi jaoks sega kastrulis mustikad, suhkur ja sidrunimahl. Küpseta keskmisel kuumusel, kuni mustikad lõhkevad ja vabastavad mahla.
c) Väikeses kausis lahustage maisitärklis külmas vees. Sega maisitärklisesegu mustikasegu hulka ja küpseta pidevalt segades kuni paksenemiseni. Eemaldage kuumusest ja laske sellel jahtuda toatemperatuurini.
d) Sidrunivahukihi jaoks vahusta koor, tuhksuhkur, sidrunikoor ja sidrunimahl, kuni moodustuvad pehmed tipud.
e) Piserdage väikeses kausis külma veega želatiin ja laske sellel 5 minutit õitseda. Küpsetage želatiinisegu mikrolaineahjus 10-15 sekundit, kuni see on lahustunud.
f) Lisa vahukooresegule järk-järgult lahustunud želatiin, vahustades kuni tekivad jäigad tipud.
g) Parfeede kokkupanemiseks murendage šifoonikoogikiht ja jagage see serveerimisklaaside vahel.

h) Katke koogikiht lusikatäie mustikakompotiga, millele järgneb sidrunivahu kiht.
i) Korrake kihte, kuni klaasid on täidetud , lõpetades sidrunivahuga.
j) Pane parfeed külmkappi vähemalt 2 tunniks või kuni need on tardunud.
k) Enne serveerimist kaunista soovi korral värskete mustikate ja sidruniviiludega. Naudi mustika ja sidruni maitsete värskendavat kombinatsiooni!

80.Kookose ja ananassi šifooni pisiasi

KOOSTISOSAD:
SIFOONITOOGI KIHTI KOHTA:
- 1 šifoonikoogi kiht (võite kasutada mis tahes šifoonikoogi retsepti)

ANANASSI TÄIDISE KIHTI KOHTA:
- 2 tassi värsket ananassi, tükeldatud
- 1/4 tassi granuleeritud suhkrut
- 1 spl maisitärklist
- 2 spl külma vett
- 1/2 tassi hakitud kookospähklit

KOOKOSKREEMI KHI KOHTA:
- 1 purk (13,5 untsi) kookospiima, jahutatud
- 1/4 tassi tuhksuhkrut
- 1 tl vaniljeekstrakti
- 1/2 tassi hakitud kookospähklit, röstitud (valikuline, kaunistamiseks)

JUHISED:
a) Valmista sifonki kiht vastavalt valitud retseptile ja lase täielikult jahtuda.
b) Ananassi täidisekihi jaoks sega kastrulis kuubikuteks lõigatud ananass ja suhkur. Küpseta keskmisel kuumusel, kuni ananass on pehmenenud ja vabastab mahla.
c) Väikeses kausis lahustage maisitärklis külmas vees. Sega maisitärklisesegu ananassisegu hulka ja küpseta pidevalt segades kuni paksenemiseni. Eemaldage kuumusest ja laske sellel jahtuda toatemperatuurini.
d) Sega ananassisegu hulka hakitud kookospähkel.
e) Kookoskreemi kihi jaoks ava jahtunud kookospiimapurk ja kahvli pealt välja kerkinud tahke kookoskreem, jättes maha kookosvee. Aseta kookoskreem segamisnõusse.
f) Lisa kookoskreemile tuhksuhkur ja vaniljeekstrakt. Vahusta ühtlaseks ja kreemjaks.
g) Magustoidu kokkupanekuks murenda sifonki tordikiht ja laota pool sellest ühtlaselt serveerimisnõu põhja.
h) Määri ananassitäidis koogikihile.
i) Määri kookoskreemiga ananassitäidis.

j) Korda kihte ülejäänud koogipuru, ananassitäidise ja kookoskreemiga.
k) Soovi korral kaunista pealt röstitud kookospähkliga.
l) Pane magustoit enne serveerimist vähemalt 2 tunniks külmkappi, et maitsed seguneksid.
m) Viiluta ja serveeri kookose- ja ananassišifooni maitse ning naudi troopilisi maitseid!

81.Schwarzwaldi šifoonikoogi pisiasi

KOOSTISOSAD:
SIFOONITOOGI KIHTI KOHTA:
- 1 šifoonikoogi kiht (võite kasutada mis tahes šifoonikoogi retsepti)

KIRSI TÄIDISEKS:
- 2 tassi kivideta kirsse, värskeid või külmutatud
- 1/4 tassi granuleeritud suhkrut
- 1 spl maisitärklist
- 2 spl külma vett
- 1 spl sidrunimahla
- 1/2 tl mandli ekstrakti (valikuline)

VAHUKOOREKIHI KOHTA:
- 2 tassi rasket koort
- 1/4 tassi tuhksuhkrut
- 1 tl vaniljeekstrakti

KOOSTAMISEKS:
- Šokolaadilaastud või lokid kaunistuseks (valikuline)

JUHISED:
a) Valmista sifonki kiht vastavalt valitud retseptile ja lase täielikult jahtuda.
b) Kirsitäidise jaoks sega kastrulis kivideta kirsid, suhkur, sidrunimahl ja mandliekstrakt (kui kasutad). Küpseta keskmisel kuumusel, kuni kirsid vabastavad mahla.
c) Väikeses kausis lahustage maisitärklis külmas vees. Sega maisitärklisesegu kirsisegu hulka ja küpseta pidevalt segades kuni paksenemiseni. Eemaldage kuumusest ja laske sellel jahtuda toatemperatuurini.
d) Vahukoorekihi jaoks vahusta vahukoor, tuhksuhkur ja vaniljeekstrakt, kuni moodustuvad tugevad piigid.
e) Pisiasi kokkupanemiseks lõika šifoonikoogikiht väikesteks kuubikuteks.
f) Laota pooled koogikuubikud tühipalja või üksikute serveerimisklaaside põhja.
g) Tõsta lusikaga pool kirsitäidisest koogikuubikutele, aja see ühtlaselt laiali.
h) Määri pool vahukoorest kirsitäidisele.

i) Korda kihte ülejäänud koogikuubikute, kirsitäidise ja vahukoorega.
j) Soovi korral kaunista ülemine osa šokolaadilaastude või lokkidega.
k) Enne serveerimist hoia trifle külmkapis vähemalt 1 tund, et maitsed sulaksid.
l) Serveeri jahtunult ja naudi selle Schwarzwaldist inspireeritud magustoidu imalaid kihte!

82.Kookose ja mango šifooni parfee

KOOSTISOSAD:
SIFOONITOOGI KIHTI KOHTA:
- 1 šifoonikoogi kiht (võite kasutada mis tahes šifoonikoogi retsepti)

MANGO PÜREEKIHI KOHTA :
- 2 küpset mangot, kooritud ja kuubikuteks lõigatud
- 2 spl granuleeritud suhkrut (maitse järgi)
- 1 spl sidrunimahla

KOOKOSKREEMI KHI KOHTA:
- 1 purk (13,5 untsi) kookospiima, jahutatud
- 1/4 tassi tuhksuhkrut
- 1 tl vaniljeekstrakti

JUHISED:
a) Valmista sifonki kiht vastavalt valitud retseptile ja lase täielikult jahtuda.
b) Mangopüree kihi jaoks blenderda blenderis või köögikombainis tükeldatud mangod, suhkur ja sidrunimahl ühtlaseks massiks. Reguleerige suhkrut maitse järgi.
c) Kookoskreemi kihi jaoks ava jahtunud kookospiimapurk ja kahvli pealt välja kerkinud tahke kookoskreem, jättes maha kookosvee. Aseta kookoskreem segamisnõusse.
d) Lisa kookoskreemile tuhksuhkur ja vaniljeekstrakt. Vahusta ühtlaseks ja kreemjaks.
e) Parfee kokkupanemiseks murenda šifoonikoogikiht serveerimisklaaside põhja.
f) Tõsta tordipurule lusikaga kiht mangopüreed.
g) Tõsta peale kookoskreemi kiht.
h) Korrake kihte, kuni klaasid on täidetud , lõpetades kookoskreemiga.
i) Soovi korral kaunista veel kuubikuteks lõigatud mango või röstitud kookoshelvestega.
j) Enne serveerimist hoia parfeed külmkapis vähemalt 1 tund, et maitsed sulaksid.
k) Serveeri jahutatult ning naudi troopilist kookose ja mango maitsete kombinatsiooni!

83.Peach Melba šifoonikoogi pisiasi

KOOSTISOSAD:
SIFOONITOOGI KIHTI KOHTA:
- 1 šifoonikoogi kiht (võite kasutada mis tahes šifoonikoogi retsepti)

VIRSIKUKOMPOTIKHI KOHTA:
- 2 tassi viilutatud virsikuid, värskeid või konserveeritud (nõrutatud)
- 2 supilusikatäit granuleeritud suhkrut
- 1 spl sidrunimahla

VAARIKAKASTME KIHTI KOHTA:
- 1 tass värskeid vaarikaid
- 2 supilusikatäit granuleeritud suhkrut
- 1 spl sidrunimahla

VAHUKOOREKIHI KOHTA:
- 2 tassi rasket koort
- 1/4 tassi tuhksuhkrut
- 1 tl vaniljeekstrakti

JUHISED:
a) Valmista sifonki kiht vastavalt valitud retseptile ja lase täielikult jahtuda.
b) Virsikukompotikihi jaoks sega kastrulis viilutatud virsikud, suhkur ja sidrunimahl. Küpseta keskmisel kuumusel, kuni virsikud on pehmed ja vabastavad nendest mahla.
c) Vaarikakastme kihi jaoks blenderda blenderis või köögikombainis värsked vaarikad, suhkur ja sidrunimahl ühtlaseks massiks. Kurna segu läbi peene sõela, et eemaldada seemned.
d) Vahukoorekihi jaoks vahusta vahukoor, tuhksuhkur ja vaniljeekstrakt, kuni moodustuvad tugevad piigid.
e) Pisiasi kokkupanemiseks lõika šifoonikoogikiht väikesteks kuubikuteks.
f) Laota pooled koogikuubikud tühipalja või üksikute serveerimisklaaside põhja.
g) Tõsta pool virsikukompotist lusikaga koogikuubikutele, aja see ühtlaselt laiali.
h) Nirista pool vaarikakastmest virsikukompotile.
i) Määri pool vahukoorest vaarikakastmele.

j) Korda kihte ülejäänud koogikuubikute, virsikukompoti, vaarikakastme ja vahukoorega.
k) Enne serveerimist hoia trifle külmkapis vähemalt 1 tund, et maitsed sulaksid.
l) Serveeri jahutatult ja naudi virsikute ja vaarikate veetlevat kombinatsiooni selles virsikumelbast inspireeritud magustoidus!

84.Pistaatsia ja kirsi šifooni parfee

KOOSTISOSAD:

SIFOONITOOGI KIHTI KOHTA:
- 1 šifoonikoogi kiht (võite kasutada mis tahes šifoonikoogi retsepti)

KIRSIKOMPOTIKHI KOHTA:
- 2 tassi kivideta kirsse, värskeid või külmutatud
- 2 supilusikatäit granuleeritud suhkrut
- 1 spl sidrunimahla

PISTAATSIAKREEMI KIHTI KOHTA:
- 1 tass rasket koort
- 1/4 tassi tuhksuhkrut
- 1 tl mandli ekstrakti
- 1/2 tassi kooritud pistaatsiapähklit, peeneks hakitud

JUHISED:
a) Valmista sifonki kiht vastavalt valitud retseptile ja lase täielikult jahtuda.
b) Kirsikompotikihi jaoks sega kastrulis kivideta kirsid, suhkur ja sidrunimahl. Keeda keskmisel kuumusel, kuni kirssidest eraldub mahl ja segu veidi pakseneb. Eemaldage kuumusest ja laske sellel jahtuda toatemperatuurini.
c) Pistaatsiakreemi kihi jaoks vahusta koor, tuhksuhkur ja mandliekstrakt, kuni moodustuvad tugevad piigid.
d) Voldi peeneks hakitud pistaatsiapähklid vahukoore hulka, kuni need on ühtlaselt jaotunud.
e) Parfee kokkupanemiseks murenda šifoonikoogikiht serveerimisklaaside põhja.
f) Tõsta tordipurule lusikaga kiht kirsikompotti.
g) Kõige peale määri kiht pistaatsiakreemi.
h) Korrake kihte, kuni klaasid on täidetud , lõpetades tükikese pistaatsiakreemiga.

SIFOONVARAD JA RUUDUD

85. Sifonki sidrunibatoonid

KOOSTISOSAD:
KOORIKU KOHTA:
- 1 1/2 tassi grahami kreekeripuru
- 1/4 tassi granuleeritud suhkrut
- 1/2 tassi soolata võid, sulatatud

TÄIDISEKS:
- 4 suurt muna, eraldatud
- 1 tass granuleeritud suhkrut
- 1/4 tassi sidrunimahla
- 1 spl sidrunikoort
- 1/4 tassi universaalset jahu
- tuhksuhkur, tolmutamiseks (valikuline)

JUHISED:
a) Kuumuta ahi temperatuurini 350 °F (175 °C). Määri 9x13-tolline küpsetusvorm.
b) Sega kausis Grahami kreekeripuru, suhkur ja sulatatud või. Suru segu ühtlaselt ettevalmistatud ahjuvormi põhja.
c) Vahusta teises segamiskausis munakollased granuleeritud suhkruga heledaks ja kohevaks vahuks.
d) Segage sidrunimahla ja sidrunikoorega, kuni need on hästi segunenud.
e) Sega järk-järgult jahu ühtlaseks massiks.
f) Vahusta eraldi kausis munavalged, kuni moodustuvad tugevad piigid.
g) Klopi vahustatud munavalged õrnalt sidrunisegu hulka, kuni triipe ei jää.
h) Vala sidrunišifooni segu ahjupannil olevale koorikule.
i) Küpseta eelkuumutatud ahjus 25-30 minutit või kuni see on tahenenud ja pealt kergelt kuldne.
j) Võta ahjust välja ja lase pannil täielikult jahtuda.
k) Pärast jahtumist puista pealt soovi korral tuhksuhkruga.
l) Lõika ruutudeks või kangideks ja serveeri. Nautige nende sidrunisifonibatoonide teravat ja värskendavat maitset!

86.Šokolaadist šifooni pruunid

KOOSTISOSAD:
BROWNIE KIHI KOHTA:
- 1/2 tassi soolamata võid
- 1 tass granuleeritud suhkrut
- 2 suurt muna
- 1 tl vaniljeekstrakti
- 1/3 tassi magustamata kakaopulbrit
- 1/2 tassi universaalset jahu
- 1/4 teelusikatäit soola
- 1/4 tl küpsetuspulbrit

SIFONIKIHI KOHTA:
- 4 suurt muna, eraldatud
- 3/4 tassi granuleeritud suhkrut
- 1/2 tassi soolata võid, sulatatud ja jahutatud
- 1/4 tassi vett
- 1 tl vaniljeekstrakti
- 3/4 tassi universaalset jahu
- 1/4 tl koort hambakivi

JUHISED:
a) Kuumuta ahi temperatuurini 350 °F (175 °C). Määri 9x13-tolline küpsetusvorm.
b) Brownie kihi jaoks sulata kastrulis madalal kuumusel või. Eemaldage tulelt ja segage suhkur, munad ja vaniljeekstrakt hästi segunemiseni.
c) Sega ühtlaseks massiks kakaopulber, jahu, sool ja küpsetuspulber.
d) Laota brownie tainas ühtlaselt ettevalmistatud ahjuvormi põhja.
e) Sifoonikihi jaoks klopi munakollased paksuks ja sidrunivärviliseks vahuks. Vahusta järk-järgult suhkur.
f) Segage sulatatud või, vesi ja vaniljeekstrakt, kuni see on hästi segunenud.
g) Sega järk-järgult jahu ühtlaseks massiks.
h) Vahusta eraldi kausis munavalged ja viinakoor, kuni moodustuvad tugevad piigid.
i) Klopi lahtiklopitud munavalged õrnalt šifoonitainasse, kuni triipe ei jää.

j) Vala šifoonitainas ahjupannil olevale brownietaignale.
k) Küpseta eelkuumutatud ahjus 30-35 minutit või kuni see on tahenenud ja pealt kergelt kuldne.
l) Võta ahjust välja ja lase pannil täielikult jahtuda.
m) Pärast jahtumist lõika ribadeks ja serveeri. Nautige šokolaadibronni ja kergete šifoonikihtide dekadentlikku kombinatsiooni!

87.Kookose šifooni ruudud

KOOSTISOSAD:
KOORIKU KOHTA:
- 1 1/2 tassi grahami kreekeripuru
- 1/4 tassi granuleeritud suhkrut
- 1/2 tassi soolata võid, sulatatud

TÄIDISEKS:
- 4 suurt muna, eraldatud
- 1 tass granuleeritud suhkrut
- 1/2 tassi soolata võid, sulatatud ja jahutatud
- 1 tass kookospiima
- 1 tl vaniljeekstrakti
- 1 1/2 tassi hakitud kookospähklit

JUHISED:
a) Kuumuta ahi temperatuurini 350 °F (175 °C). Määri 9x13-tolline küpsetusvorm.
b) Sega kausis Grahami kreekeripuru, suhkur ja sulatatud või. Suru segu ühtlaselt ettevalmistatud ahjuvormi põhja.
c) Klopi teises segamiskausis munakollased paksuks ja sidrunivärviliseks vahuks. Vahusta järk-järgult suhkur.
d) Segage sulatatud või, kookospiim ja vaniljeekstrakt, kuni see on hästi segunenud.
e) Sega hulka hakitud kookospähkel, kuni see on ühtlaselt jaotunud.
f) Vahusta eraldi kausis munavalged, kuni moodustuvad tugevad piigid.
g) Klopi lahtiklopitud munavalged õrnalt kookossegu hulka, kuni triipe ei jää.
h) Vala kookosšifooni segu ahjupannil olevale koorikule.
i) Küpseta eelkuumutatud ahjus 25-30 minutit või kuni see on tahenenud ja pealt kergelt kuldne.
j) Võta ahjust välja ja lase pannil täielikult jahtuda.
k) Kui see on jahtunud, lõika ruutudeks ja serveeri. Nautige nende kookospähkli šifooniruutude troopilist maitset!

88.Oranžid šifooniplaadid

KOOSTISOSAD:

KOORIKU KOHTA:
- 1 1/2 tassi grahami kreekeripuru
- 1/4 tassi granuleeritud suhkrut
- 1/2 tassi soolata võid, sulatatud

TÄIDISEKS:
- 4 suurt muna, eraldatud
- 1 tass granuleeritud suhkrut
- 1/2 tassi värskelt pressitud apelsinimahla
- 1 spl apelsini koort
- 1/4 tassi soolata võid, sulatatud ja jahutatud
- 1/4 tassi universaalset jahu

JUHISED:

a) Kuumuta ahi temperatuurini 350 °F (175 °C). Määri 9x13-tolline küpsetusvorm.

b) Sega kausis Grahami kreekeripuru, suhkur ja sulatatud või. Suru segu ühtlaselt ettevalmistatud ahjuvormi põhja.

c) Klopi teises segamiskausis munakollased paksuks ja sidrunivärviliseks vahuks. Vahusta järk-järgult suhkur.

d) Segage apelsinimahl, apelsinikoor, sulatatud või ja jahu, kuni need on hästi segunenud.

e) Vahusta eraldi kausis munavalged, kuni moodustuvad tugevad piigid.

f) Klopi vahustatud munavalged ettevaatlikult apelsinisegu hulka, kuni triipe ei jää.

g) Vala küpsetuspannil olevale koorikule apelsini šifoonisegu.

h) Küpseta eelkuumutatud ahjus 25-30 minutit või kuni see on tahenenud ja pealt kergelt kuldne.

i) Võta ahjust välja ja lase pannil täielikult jahtuda.

j) Pärast jahtumist lõika ribadeks ja serveeri. Nautige nende oranžide šifoonibatoonide tsitruselist headust!

89.Maasika šifooni ruudud

KOOSTISOSAD:
KOORIKU KOHTA:
- 1½ tassi Grahami vahvlipuru
- ⅓ tassi margariini, sulatatud

TÄIDISEKS:
- ¾ tassi keeva vett
- 1 pakk Maasika Jellot
- 1 tass Eagle Brandi piima (magustatud kondenspiim)
- ⅓ tassi sidrunimahla
- 1 pakk külmutatud viilutatud maasikaid
- 3 tassi miniatuurseid vahukomme
- ½ pint Vahukoor, vahustatud

JUHISED:
KOORIKU KOHTA:
a) Sega Graham vahvlipuru ja sulatatud margariin.
b) Patsutage segu 9 x 13-tollise panni põhjale.

TÄIDISEKS:
c) Lahusta maasika Jello suures kausis keevas vees.
d) Sega juurde magustatud kondenspiim, sidrunimahl, külmutatud viilutatud maasikad ja vahukommid.
e) Voldi sisse vahukoor.
f) Vala segu purukoorele.
g) Jahutage, kuni see on hangunud, umbes 2 tundi.

90.Võtmelubjast šifoonipulgad

KOOSTISOSAD:
KOORIKU KOHTA:
- 1 1/2 tassi grahami kreekeripuru
- 1/4 tassi granuleeritud suhkrut
- 1/2 tassi soolata võid, sulatatud

TÄIDISEKS:
- 4 suurt muna, eraldatud
- 1 tass granuleeritud suhkrut
- 1/2 tassi värskelt pressitud laimi mahla
- 1 spl võtmelaimi koort
- 1/4 tassi soolata võid, sulatatud ja jahutatud
- 1/4 tassi universaalset jahu

JUHISED:
a) Kuumuta ahi temperatuurini 350 °F (175 °C). Määri 9x13-tolline küpsetusvorm.
b) Sega kausis Grahami kreekeripuru, suhkur ja sulatatud või. Suru segu ühtlaselt ettevalmistatud ahjuvormi põhja.
c) Klopi teises segamiskausis munakollased paksuks ja sidrunivärviliseks vahuks. Vahusta järk-järgult suhkur.
d) Segage laimi mahl, laimi koor, sulatatud või ja jahu, kuni need on hästi segunenud.
e) Vahusta eraldi kausis munavalged, kuni moodustuvad tugevad piigid.
f) Klopi lahtiklopitud munavalged õrnalt laimi võtmesegu hulka, kuni triipe ei jää.
g) Vala võtmelaimi šifoonisegu ahjupannil olevale koorikule.
h) Küpseta eelkuumutatud ahjus 25-30 minutit või kuni see on tahenenud ja pealt kergelt kuldne.
i) Võta ahjust välja ja lase pannil täielikult jahtuda.
j) Pärast jahtumist lõika ribadeks ja serveeri. Nautige nende võtmetähtsusega laimi šifoonibatoonide teravat ja värskendavat maitset!

91.Ananassi šifooni ruudud

KOOSTISOSAD:
KOORIKU KOHTA:
- 1 1/2 tassi grahami kreekeripuru
- 1/4 tassi granuleeritud suhkrut
- 1/2 tassi soolata võid, sulatatud

TÄIDISEKS:
- 4 suurt muna, eraldatud
- 1 tass granuleeritud suhkrut
- 1/2 tassi purustatud ananassi, nõrutatud
- 1/4 tassi soolata võid, sulatatud ja jahutatud
- 1/4 tassi universaalset jahu

JUHISED:
a) Kuumuta ahi temperatuurini 350 °F (175 °C). Määri 9x13-tolline küpsetusvorm.
b) Sega kausis Grahami kreekeripuru, suhkur ja sulatatud või. Suru segu ühtlaselt ettevalmistatud ahjuvormi põhja.
c) Klopi teises segamiskausis munakollased paksuks ja sidrunivärviliseks vahuks. Vahusta järk-järgult suhkur.
d) Segage purustatud ananass ja sulatatud või, kuni see on hästi segunenud.
e) Sega järk-järgult jahu ühtlaseks massiks.
f) Vahusta eraldi kausis munavalged, kuni moodustuvad tugevad piigid.
g) Klopi vahustatud munavalged ettevaatlikult ananassisegu hulka, kuni triipe ei jää.
h) Vala ananassi šifoonisegu ahjupannil olevale koorikule.
i) Küpseta eelkuumutatud ahjus 25-30 minutit või kuni see on tahenenud ja pealt kergelt kuldne.
j) Võta ahjust välja ja lase pannil täielikult jahtuda.
k) Kui see on jahtunud, lõika ruutudeks ja serveeri. Nautige nende ananassi šifooniruutude troopilist maitset!

92. Segamarjadega šifoonibatoonid

KOOSTISOSAD:

KOORIKU KOHTA:
- 1 1/2 tassi grahami kreekeripuru
- 1/4 tassi granuleeritud suhkrut
- 1/2 tassi soolata võid, sulatatud

TÄIDISEKS:
- 4 suurt muna, eraldatud
- 1 tass granuleeritud suhkrut
- 1 tass segatud marju (nagu vaarikad, mustikad ja murakad)
- 1/4 tassi soolata võid, sulatatud ja jahutatud
- 1/4 tassi universaalset jahu

JUHISED:
a) Kuumuta ahi temperatuurini 350 °F (175 °C). Määri 9x13-tolline küpsetusvorm.
b) Sega kausis Grahami kreekeripuru, suhkur ja sulatatud või. Suru segu ühtlaselt ettevalmistatud ahjuvormi põhja.
c) Klopi teises segamiskausis munakollased paksuks ja sidrunivärviliseks vahuks. Vahusta järk-järgult suhkur.
d) Sega hulka segatud marjad ja sulatatud või, kuni need on hästi segunenud.
e) Sega järk-järgult jahu ühtlaseks massiks.
f) Vahusta eraldi kausis munavalged, kuni moodustuvad tugevad piigid.
g) Klopi vahustatud munavalged õrnalt marjasegu hulka, kuni triipe ei jää.
h) Vala segatud marjasifonisegu ahjupannil olevale koorikule.
i) Küpseta eelkuumutatud ahjus 25-30 minutit või kuni see on tahenenud ja pealt kergelt kuldne.
j) Võta ahjust välja ja lase pannil täielikult jahtuda.
k) Pärast jahtumist lõika ribadeks ja serveeri. Nautige marjade maitset nendes segatud marjadest šifoonist batoonides!

SIFONILEIB

93.Sifonki banaanileib

KOOSTISOSAD:
- 2 tassi universaalset jahu
- 1 tl küpsetuspulbrit
- 1/2 tl söögisoodat
- 1/2 teelusikatäit soola
- 3 küpset banaani, purustatud
- 3/4 tassi granuleeritud suhkrut
- 1/2 tassi taimeõli
- 3 suurt muna, eraldatud
- 1/4 tassi piima
- 1 tl vaniljeekstrakti

JUHISED:
a) Kuumuta ahi temperatuurini 350 °F (175 °C). Määri ja jahuga 9x5-tolline leivavorm.
b) Sõelu suures kausis kokku jahu, küpsetuspulber, sooda ja sool.
c) Vahusta teises kausis püreestatud banaanid, granuleeritud suhkur, taimeõli, munakollased, piim ja vaniljeekstrakt, kuni need on hästi segunenud.
d) Lisage banaanisegule järk-järgult kuivained ja segage, kuni need on lihtsalt segunenud.
e) Vahusta eraldi kausis munavalged, kuni moodustuvad tugevad piigid.
f) Klopi lahtiklopitud munavalged õrnalt banaanitaignasse, kuni triipe ei jää.
g) Vala tainas ettevalmistatud leivavormi ja silu pealt spaatliga ühtlaseks.
h) Küpseta 50–60 minutit või kuni keskele torgatud hambaork tuleb puhtana välja.
i) Eemaldage ahjust ja laske pannil 10 minutit jahtuda, enne kui asetate restile täielikult jahtuma.
j) Viiluta ja serveeri šifoonist banaanileib ning naudi!

94.Sifonki sidrunileib

KOOSTISOSAD:
- 2 tassi koogijahu
- 1 1/2 teelusikatäit küpsetuspulbrit
- 1/4 tl söögisoodat
- 1/2 teelusikatäit soola
- 2 sidruni koor
- 1/2 tassi soolamata võid, pehmendatud
- 1 tass granuleeritud suhkrut
- 3 suurt muna, eraldatud
- 1/4 tassi sidrunimahla
- 1/2 tassi piima
- 1 tl vaniljeekstrakti

JUHISED:
a) Kuumuta ahi temperatuurini 350 °F (175 °C). Määri ja jahuga 9x5-tolline leivavorm.
b) Sõelu kaussi kokku koogijahu, küpsetuspulber, sooda ja sool. Sega juurde sidrunikoor.
c) Vahusta teises kausis pehme või ja granuleeritud suhkur heledaks ja kohevaks vahuks.
d) Klopi ükshaaval sisse munakollased, seejärel sega hulka sidrunimahl ja vanilliekstrakt.
e) Lisa kuivained järk-järgult märgadele koostisainetele vaheldumisi piimaga ja sega ühtlaseks.
f) Vahusta eraldi kausis munavalged, kuni moodustuvad tugevad piigid.
g) Klopi lahtiklopitud munavalged ettevaatlikult taignasse, kuni triipe ei jää.
h) Vala tainas ettevalmistatud leivavormi ja silu pealt spaatliga ühtlaseks.
i) Küpseta 45–55 minutit või kuni keskele torgatud hambaork tuleb puhtana välja.
j) Eemaldage ahjust ja laske pannil 10 minutit jahtuda, enne kui asetate restile täielikult jahtuma.
k) Viiluta ja serveeri sifonkist sidrunileib ning naudi erksat ja teravat maitset!

95.Sifonki kõrvitsaleib

KOOSTISOSAD:
- 1 3/4 tassi universaalset jahu
- 1 tl söögisoodat
- 1/2 tl küpsetuspulbrit
- 1/2 teelusikatäit soola
- 1 tl jahvatatud kaneeli
- 1/2 tl jahvatatud ingverit
- 1/4 tl jahvatatud muskaatpähklit
- 1/4 tl jahvatatud nelki
- 1 tass konserveeritud kõrvitsapüreed
- 1 tass granuleeritud suhkrut
- 1/2 tassi taimeõli
- 2 suurt muna, eraldatud
- 1/4 tassi vett
- 1 tl vaniljeekstrakti

JUHISED:

a) Kuumuta ahi temperatuurini 350 °F (175 °C). Määri ja jahuga 9x5-tolline leivavorm.
b) Sõelu kaussi jahu, sooda, küpsetuspulber, sool, kaneel, ingver, muskaatpähkel ja nelk.
c) Vahusta teises kausis kõrvitsapüree, granuleeritud suhkur, taimeõli, munakollased, vesi ja vaniljeekstrakt, kuni need on hästi segunenud.
d) Lisa kuivained järk-järgult märgadele koostisainetele ja sega ühtlaseks massiks.
e) Vahusta eraldi kausis munavalged, kuni moodustuvad tugevad piigid.
f) Klopi lahtiklopitud munavalged ettevaatlikult taignasse, kuni triipe ei jää.
g) Vala tainas ettevalmistatud leivavormi ja silu pealt spaatliga ühtlaseks.
h) Küpseta 50–60 minutit või kuni keskele torgatud hambaork tuleb puhtana välja.
i) Eemaldage ahjust ja laske pannil 10 minutit jahtuda, enne kui asetate restile täielikult jahtuma.
j) Viiluta ja serveeri šifoonist kõrvitsaleib ning naudi sügise sooje ja lohutavaid maitseid!

96. Šifoonist šokolaadist keerisleib

KOOSTISOSAD:
- 1 3/4 tassi universaalset jahu
- 1 tl küpsetuspulbrit
- 1/2 tl söögisoodat
- 1/2 teelusikatäit soola
- 1/4 tassi magustamata kakaopulbrit
- 1/2 tassi granuleeritud suhkrut
- 1/4 tassi taimeõli
- 1 tass petipiima
- 2 suurt muna, eraldatud
- 1 tl vaniljeekstrakti

JUHISED:
a) Kuumuta ahi temperatuurini 350 °F (175 °C). Määri ja jahuga 9x5-tolline leivavorm.
b) Sõelu kaussi kokku jahu, küpsetuspulber, sooda ja sool.
c) Vahusta teises kausis kakaopulber, granuleeritud suhkur, taimeõli, pett, munakollased ja vaniljeekstrakt, kuni need on hästi segunenud.
d) Lisa kuivained järk-järgult märgadele koostisainetele ja sega ühtlaseks massiks.
e) Vahusta eraldi kausis munavalged, kuni moodustuvad tugevad piigid.
f) Klopi lahtiklopitud munavalged ettevaatlikult taignasse, kuni triipe ei jää.
g) Vala pool taignast ettevalmistatud leivavormi.
h) Lisage šokolaaditaigna peale ülejäänud taigna nukud.
i) Kasutage noa või vardast, et keerutada kaks taignat kokku, et luua marmorjas efekt.
j) Küpseta 50–60 minutit või kuni keskele torgatud hambaork tuleb puhtana välja.
k) Eemaldage ahjust ja laske pannil 10 minutit jahtuda, enne kui asetate restile täielikult jahtuma.
l) Viiluta ja serveeri sifonkišokolaadi keerisleib ning naudi šokolaadi rikkalikke ja mõnusaid maitseid!

SIFONI KÜPSISED

97.Sifonki sidruniküpsised

KOOSTISOSAD:

- 2 tassi universaalset jahu
- 1 tl küpsetuspulbrit
- 1/4 teelusikatäit soola
- 1/2 tassi soolamata võid, pehmendatud
- 1 tass granuleeritud suhkrut
- 2 suurt muna, eraldatud
- 1 sidruni koor
- 1 spl sidrunimahla
- 1 tl vaniljeekstrakti

JUHISED:

a) Kuumuta ahi temperatuurini 350 °F (175 °C). Vooderda ahjuplaadid küpsetuspaberiga.
b) Sõelu kaussi omavahel jahu, küpsetuspulber ja sool.
c) Vahusta teises kausis pehme või ja granuleeritud suhkur heledaks ja kohevaks vahuks.
d) Klopi ükshaaval sisse munakollased, seejärel sega hulka sidrunikoor, sidrunimahl ja vaniljeekstrakt.
e) Lisage kuivained järk-järgult märgadele koostisosadele ja segage, kuni need on hästi segunenud.
f) Vahusta eraldi kausis munavalged, kuni moodustuvad tugevad piigid.
g) Klopi lahtiklopitud munavalged õrnalt taignasse, kuni triipe ei jää.
h) Tõsta lusikatäied tainast ettevalmistatud küpsetusplaatidele, asetades need üksteisest umbes 2 tolli kaugusele.
i) Küpseta 10-12 minutit või kuni servad on kergelt kuldsed.
j) Võta ahjust välja ja lase küpsetuspaberitel mõni minut jahtuda, enne kui tõstad restile täielikult jahtuma.
k) Nautige nende šifoonist sidruniküpsiste kerget ja meeldivat maitset!

98.Šifooni šokolaadiküpsised

KOOSTISOSAD:

- 2 tassi universaalset jahu
- 1 tl söögisoodat
- 1/2 teelusikatäit soola
- 1/2 tassi soolamata võid, pehmendatud
- 1/2 tassi granuleeritud suhkrut
- 1/2 tassi pakitud pruuni suhkrut
- 2 suurt muna, eraldatud
- 1 tl vaniljeekstrakti
- 1 tass poolmagusaid šokolaaditükke

JUHISED:

a) Kuumuta ahi temperatuurini 375 ° F (190 ° C). Vooderda ahjuplaadid küpsetuspaberiga.
b) Sõelu kaussi omavahel jahu, sooda ja sool.
c) Vahusta teises kausis pehme või, granuleeritud suhkur ja pruun suhkur heledaks ja kohevaks vahuks.
d) Klopi ükshaaval sisse munakollased, seejärel sega juurde vanilliekstrakt.
e) Lisage kuivained järk-järgult märgadele koostisosadele ja segage, kuni need on hästi segunenud.
f) Vahusta eraldi kausis munavalged, kuni moodustuvad tugevad piigid.
g) Klopi lahtiklopitud munavalged ja šokolaadilaastud õrnalt taignasse ühtlaseks jaotumiseks.
h) Tõsta lusikatäied tainast ettevalmistatud küpsetusplaatidele, asetades need üksteisest umbes 2 tolli kaugusele.
i) Küpseta 8-10 minutit või kuni servad on kergelt kuldsed.
j) Võta ahjust välja ja lase küpsetuspaberitel mõni minut jahtuda, enne kui tõstad restile täielikult jahtuma.
k) Nautige nende šifoonist šokolaadiküpsiste pehmet ja nätske tekstuuri!

99.Sifonki mandli küpsised

KOOSTISOSAD:
- 1 1/2 tassi universaalset jahu
- 1/2 tassi mandlijahu
- 1/2 tl küpsetuspulbrit
- 1/4 teelusikatäit soola
- 1/2 tassi soolamata võid, pehmendatud
- 1/2 tassi granuleeritud suhkrut
- 2 suurt muna, eraldatud
- 1 tl mandli ekstrakti
- Viilutatud mandlid, katteks

JUHISED:
a) Kuumuta ahi temperatuurini 350 °F (175 °C). Vooderda ahjuplaadid küpsetuspaberiga.
b) Sõelu kausis kokku universaalne jahu, mandlijahu, küpsetuspulber ja sool.
c) Vahusta teises kausis pehme või ja granuleeritud suhkur heledaks ja kohevaks vahuks.
d) Klopi ükshaaval sisse munakollased, seejärel sega juurde mandliekstrakt.
e) Lisage kuivained järk-järgult märgadele koostisosadele ja segage, kuni need on hästi segunenud.
f) Vahusta eraldi kausis munavalged, kuni moodustuvad tugevad piigid.
g) Klopi lahtiklopitud munavalged õrnalt taignasse, kuni triipe ei jää.
h) Tõsta lusikatäied tainast ettevalmistatud küpsetusplaatidele, asetades need üksteisest umbes 2 tolli kaugusele.
i) Tasandage iga küpsis lusikaseljaga veidi ja puista peale viilutatud mandleid.
j) Küpseta 10-12 minutit või kuni servad on kergelt kuldsed.
k) Võta ahjust välja ja lase küpsetuspaberitel mõni minut jahtuda, enne kui tõstad restile täielikult jahtuma.
l) Nautige nende šifoonist mandliküpsiste õrna mandli maitset ja krõmpsuvat tekstuuri!

100. Šifooni kookosküpsised

KOOSTISOSAD:

- 1 1/2 tassi universaalset jahu
- 1/2 tassi hakitud kookospähklit
- 1/2 tl küpsetuspulbrit
- 1/4 teelusikatäit soola
- 1/2 tassi soolata võid, pehmendatud
- 1/2 tassi granuleeritud suhkrut
- 2 suurt muna, eraldatud
- 1 tl vaniljeekstrakti

JUHISED:

a) Kuumuta ahi temperatuurini 350 °F (175 °C). Vooderda ahjuplaadid küpsetuspaberiga.
b) Sõelu kaussi omavahel jahu, riivitud kookospähkel, küpsetuspulber ja sool.
c) Vahusta teises kausis pehme või ja granuleeritud suhkur heledaks ja kohevaks vahuks.
d) Klopi ükshaaval sisse munakollased, seejärel sega juurde vanilliekstrakt.
e) Lisage kuivained järk-järgult märgadele koostisosadele ja segage, kuni need on hästi segunenud.
f) Vahusta eraldi kausis munavalged, kuni moodustuvad tugevad piigid.
g) Klopi lahtiklopitud munavalged õrnalt taignasse, kuni triipe ei jää.
h) Tõsta lusikatäied tainast ettevalmistatud küpsetusplaatidele, asetades need üksteisest umbes 2 tolli kaugusele.
i) Küpseta 10-12 minutit või kuni servad on kergelt kuldsed.
j) Võta ahjust välja ja lase küpsetuspaberitel mõni minut jahtuda, enne kui tõstad restile täielikult jahtuma.
k) Nautige nende šifoonist kookosküpsiste troopilist maitset ja nätske tekstuuri!

KOKKUVÕTE

Kui jõuame oma šifooniseikluse lõppu, loodan, et see kokaraamat on sütitanud teie kire luua oma köögis kergeid, õhulisi ja dekadentlikke rõõme. Nende 100 suurepärase retsepti kaudu oleme uurinud šifooni õrna kunstilist olemust ja mitmekülgset olemust, muutes lihtsad koostisosad erakordseteks kulinaarseteks meistriteoseks. Olenemata sellest, kas naudite viilu kohevat šifoonikooki, maiustate lusikatäit siidist sifonkivahtu või naudite näksimist elegantse sifonkipirukaga, on iga retsept koostatud hoolikalt, et pakkuda rõõmu ja rahulolu igale maitsele.

Tänan teid südamest, et olete minuga sellel kulinaarsel teekonnal ühinenud. Teie entusiasm ja pühendumus šifooni küpsetamise kunsti valdamisele on muutnud selle seikluse tõeliselt eriliseks. Olgu sellest kokaraamatust õpitud oskused ja tehnikad jätkuvalt inspireerivad, kui loote maitsvaid šifooniloomingut, mida pere ja sõpradega jagada.

Kui jätkate šifooniküpsetamise maailma avastamist, täitku teie köök värskelt küpsetatud kookide ahvatlevate aroomidega, siidise vahu õrna tekstuuriga ja elegantsete pirukate oivaliste maitsetega. Toogu iga sinu tehtud šifoonilooming naeratuse näole ja soojust südamesse, tuletades meelde ilu ja rõõmu, mida küpsetuskunstis võib leida .

Tänan teid veel kord, et lubasite mul olla osa teie šifooni teekonnast. Kuni me uuesti kohtume, olgu teie päevad täidetud magususe, kerguse ja šifooni eksimatu elegantsiga . Head küpsetamist ja olgu teie kulinaarsed seiklused jätkuvalt inspireerivad ja rõõmustavad!

www.ingramcontent.com/pod-product-compliance
Lightning Source LLC
Chambersburg PA
CBHW070654120526
44590CB00013BA/961